减压赋能增效：中小学教师职业心理问题与干预策略研究

魏忠凤／著

吉林大学出版社

·长春·

图书在版编目（CIP）数据

减压赋能增效：中小学教师职业心理问题与干预策略研究/魏忠凤著. -- 长春：吉林大学出版社，2024.3
ISBN 978-7-5768-2295-3

Ⅰ.①减… Ⅱ.①魏… Ⅲ.①中小学－教师心理学－研究 Ⅳ.①G443

中国国家版本馆CIP数据核字(2023)第199091号

书　　名：减压赋能增效：中小学教师职业心理问题与干预策略研究
　　　　　JIANYA FUNENG ZENGXIAO：ZHONG-XIAOXUE JIAOSHI ZHIYE XINLI WENTI YU GANYU CELÜE YANJIU

作　　者：魏忠凤
策划编辑：殷丽爽
责任编辑：殷丽爽
责任校对：李适存
装帧设计：守正文化
出版发行：吉林大学出版社
社　　址：长春市人民大街4059号
邮政编码：130021
发行电话：0431-89580028/29/21
网　　址：http://www.jlup.com.cn
电子邮箱：jldxcbs@sina.com
印　　刷：天津和萱印刷有限公司
开　　本：787mm×1092mm　　1/16
印　　张：11.75
字　　数：200千字
版　　次：2024年3月　第1版
印　　次：2024年3月　第1次
书　　号：ISBN 978-7-5768-2295-3
定　　价：72.00元

版权所有　翻印必究

前　言

百年大计，教育为本；教育大计，教师为本。兴国必先强师。

党的二十大报告指出："教育是国之大计、党之大计。培养什么人、怎样培养人、为谁培养人是教育的根本问题。育人的根本在于立德。全面贯彻党的教育方针，落实立德树人根本任务，培养德智体美劳全面发展的社会主义建设者和接班人。"学习贯彻党的二十大精神，办好人民满意的教育，关键靠教师；落实立德树人根本任务，关键靠教师；实现教育现代化，关键靠教师。教师是立教之本、兴教之源。

基础教育是面向全体学生的国民素质教育，其根本宗旨是为提高全民族的素质打下扎实的基础，为全体适龄儿童、青少年终身学习以及培育社会化、个性化打下良好的基础。基础教育对于提高整个中华民族的人口素质，培养各级各类人才，促进社会主义现代化建设具有全局性、基础性和先导性的作用。国民教育的质量靠基础教育，基础教育的质量靠中小学教师。因此，关注中小学教师群体的生存状态及职业心理健康状况，对于促进中小学教师专业发展至关重要。

首先，中小学教师的职业具有复杂性。因为工作对象是未成年学生，是有自觉意识、有情感、有个性的活生生的人，但是他们又处在生长发育过程中，从生理和心理发展角度来看，其会发生巨大变化。尤其是处在青春期的学生，经历第二次生长发育高峰期，也处在动荡和过渡期。中小学教师面对这个群体，无疑会增加工作的不可预知性。除了工作对象具有复杂性，教师的工作职责是既要教书，又要育人，即既要向学生传授知识，又要帮助学生树立正确的人生观、世界观、价值观，培养学生良好的道德品质、陶冶情操、锻炼意志品质等，有目的、有计划地把每个学生培养成为符合国家和社会所需要的人。因此，教师的工作任务复杂且艰巨。

其次，社会对教师职业的高要求，家长对教师的高期待，都会给中小学教师带来额外的精神压力。教师的形象被比作蜡烛，燃烧自己，照亮别人；教师又被比喻为春蚕，辛劳工作，奉献终身。但教师也是正常人，在面对超负荷的工作压力又无法正常排解时，就会出现职业倦怠，乃至发展为心理问题。教师身心健康若存在隐患，则很难能培养出身心健康的学生。

最后，中小学教师群体以女性教师居多。作为女性，就会承担受孕、哺乳、育儿、操持家务等特殊的任务。如何平衡工作和家庭之间的关系，做到事业、家庭两不误。这就要求女性教师要正确处理家庭角色与职业角色的冲突，做到不将在家庭中产生的负面情绪带到工作中来，也不将工作造成的压力带回家庭中，能够分清工作和生活的边界。因此，要学会合理分配时间，平衡工作与家庭生活之间的关系，积极面对工作和生活中的困扰，能够运用合理的方式处理和解决出现的问题，并且善于运用支持系统。学会一般问题的自我调适方法，做自己的心理咨询师。

本书内容主要包括绪论、中小学教师心理健康状况及症状缓解策略、中小学教师工作压力现状特点及应对策略、中小学教师职业倦怠与缓解策略、工作压力与中小学教师心理健康的关系、职业压力与中小学教师心理健康的关系、中小学教师职业心理问题质性研究、小学教师职业心理干预研究等八个章节。尝试从中小学教师职业倦怠、职业压力、心理健康现状入手，在了解现实情况的基础上，逐步深入研究职业倦怠、工作压力与心理健康的关系，并对教师进行深度访谈，结合量化研究与质性研究，并对中小学教师心理问题进行干预，给出有效的自我调节方法，希望对中小学教师职业发展有所裨益。

作　者

2023年6月

目　录

第一章　绪论 ··· 1

第二章　中小学教师心理健康状况及症状缓解策略 ············· 7
  第一节　中小学教师心理健康的相关研究 ······················· 7
  第二节　中小学教师心理健康的发展特点 ····················· 22
  第三节　中小学教师心理健康的应对策略 ····················· 30

第三章　中小学教师工作压力现状特点及应对策略 ············ 33
  第一节　中小学教师工作压力与压力源 ························ 33
  第二节　中小学教师工作压力的发展特点 ····················· 48
  第三节　工作压力的识别与管理 ·································· 61

第四章　中小学教师职业倦怠现状与缓解策略 ··················· 65
  第一节　中小学教师职业倦怠的概念与表现 ·················· 65
  第二节　中小学教师职业倦怠的发展特点 ····················· 71
  第三节　中小学教师职业倦怠的影响因素 ····················· 82
  第四节　中小学教师职业倦怠的缓解策略 ····················· 88

第五章　工作压力与中小学教师心理健康的关系：职业倦怠的中介作用··· 92
  第一节　引言 ·· 92
  第二节　调查对象与方法 ·· 96
  第三节　研究结果与分析 ·· 98

第四节　讨论、结论与建议 …………………………………… 101

第六章　职业压力与中小学教师心理健康的关系：职业倦怠的中介作用和社会支持的调节作用 ……………………… 105
　　第一节　引言 …………………………………………………… 105
　　第二节　研究对象与方法 ……………………………………… 107
　　第三节　研究结果与分析 ……………………………………… 110
　　第四节　讨论、结论与建议 …………………………………… 113

第七章　中小学教师职业心理问题质性研究 ……………………… 115
　　第一节　研究目的与意义 ……………………………………… 115
　　第二节　研究设计 ……………………………………………… 116
　　第三节　访谈案例呈现 ………………………………………… 117
　　第四节　讨论 …………………………………………………… 136

第八章　小学教师职业心理问题干预研究 ………………………… 138
　　第一节　研究目的与假设 ……………………………………… 138
　　第二节　研究程序 ……………………………………………… 139
　　第三节　干预活动方案 ………………………………………… 142
　　第四节　研究结果与分析 ……………………………………… 148
　　第五节　讨论、结论与建议 …………………………………… 157

研究启示 ……………………………………………………………… 161

参考文献 ……………………………………………………………… 163

附　　录 ……………………………………………………………… 176

第一章 绪论

一、问题的提出

青少年是国家的未来、民族的希望。作为新时代中国特色社会主义的建设者和接班人，他们的心理健康问题受到了全社会的广泛关注。2012年中华人民共和国教育部修订了《中小学心理健康教育指导纲要》（以下简称《纲要》），这说明国家对于中小学生心理健康的重视。[①]《纲要》中明确指出教师对提高学生心理健康具有极大的作用。作为教书育人的园丁和知识文化的传播者，教师承担着传播真理、思想以及培养新人的历史重任。教师经常与学生接触，对学生产生的影响较大。要培养学生良好的心理素质，首先要有心理健康的教师，只有教师具有健康的心理，才能够在教学过程中为学生营造良好、舒适的学习环境。教师能够正确地识别学生的心理健康问题，及时向他们提供帮助。而心理方面存在问题的教师，其自身焦虑、暴躁等，都会对中小学生的心理产生消极影响，从而降低学生的学习兴趣和学习积极性。此外，如果教师的心理健康水平高，其通常拥有积极乐观的心态、活泼开朗的性格，不仅能够调整不良情绪，而且可以避免把个人情绪带到课堂中，而出现迁怒、体罚学生的现象。当课堂中若出现突发事件时，也能够以冷静、平和的心态解决。

近年来，我国基础教育改革不断深化，这对教师群体来说，既拥有了机遇，也迎来了挑战。机遇在于人们对公平且有质量的教育更加向往，社会及家长对于教师寄予了极高的期望，教师的地位也随之提高，受到越来越多的关

[①] 教育部. 中小学心理健康教育指导纲要（2012年修订）［EB/OL］.（2017-10-26）［2020-06-24］. http：//www.moe.gov.cn/srcsite/A06/s3325/201212/t20121211_145679.html

注。而挑战是教师这个角色既要具备较好的教育背景，又要在情感上进行大量的投入；既要确保学生具有较高的"升学率"，还需要使学生在德、智、体、美、劳等各方面都得到发展。教师必须投入更多的时间与精力来满足学生日益增长的各种需求，因此其承受的压力不断增大。在这种高压状态之下，教师的心理问题也日益凸显。

根据《中国青年报》的调查，目前我国10%的教师处于健康状态，70%的教师处于亚健康状态，20%的教师处于疾病状态。大多数教师存在焦虑、人际关系敏感和情绪失调等问题。新浪微博曾经开展过一次关于教师心理健康水平的调查，结果表明85%以上的教师认为工作压力大，且41.2%的教师有心理问题。中小学教师作为新一代人才培养工作的奠基者与启蒙者，这一教师群体的压力表现尤为突出。我国中小学心理健康教育课题组抽样调查了2 000余名教师，发现半数以上的教师有心理健康问题，其中19.5%的教师出现中度或中度以上的心理健康问题，且以焦虑、抑郁和睡眠障碍等较为凸显；《中国国民心理健康发展报告（2009—2020）》指出：教师等科技工作者在2009年、2014年和2017年的抑郁检出率分别为17.7%、24.2%和22.2%。在中小学教师群体当中，1991—2010年，教师心理健康水平呈逐年下降趋势。2010—2020年，教师心理健康水平则明显要低于全国常模水平，且躯体化与焦虑问题增多。心理健康问题正在对教师的角色塑造、个人成长和专业发展等方面产生巨大的影响。[①]

当前，我国政府倡导推进更公正、更高品质的教育，如若要提升教育质量，则必须依靠教师群体素质，而心理健康则是构成教师群体素养的核心要素。自中华人民共和国教育部发布相关文件以来，全国各地都在积极开展心理健康教育工作，对于教师的心理健康水平提升，全社会都必须给予特别的重视和关注。2018年，中共中央、国务院发布《关于全面深化新时代教师队伍建设改革的意见》中指出，除了重视教师专业发展外，还要重视教师身心健康。2022年，北京市教委颁布了《北京市新时代基础教育强师计划实施方案》，其中明确指出要提高教师的心理健康状态，构建教师心理健康状况和职

---

① 靳娟娟，俞国良. 教师心理健康问题与调适：角色理论视角的考量［J］. 教师教育研究，2021，33（6）：45-51.

业幸福感的监测与评估机制，引导并帮助教师用积极乐观的态度对待学生。

相关研究表明，教师主观幸福感是教师心理卫生研究的一个重要领域。教师主观幸福感水平对心理健康、身体健康及人际关系都有一定的影响，甚至对犯罪率和社会和谐等也会产生一定影响。[①]而教师心理健康问题则会引起教学质量的下降，甚至会危害学生的心理健康，[②]厦门的一项调查表明，厦门中小学教师心理健康问题高于全国平均水平，其影响因素主要来源于社会、学校、家庭等多方面。[③]一份针对北京市中小学教师的调查报告表明，近60%的教师感到工作上的烦恼比快乐多，表示有时候忍不住要发怒的教师占总人数的70%。这一现象反映出当前我国中小学教师队伍中普遍存在的一个严重问题——职业倦怠。教师群体中广泛存在着情绪不稳定、焦虑不安及内心忧郁等负面情绪。[④]因此，如何提高中小学教师的心理健康素质是目前亟待解决的问题。

通过查阅已有的文献资料，发现我国关于教师心理健康方面的研究虽然起步较晚，但是也有一些研究成果，主要聚焦于探讨教师心理健康问题的外在表现及其相关影响因素。但是对中小学教师心理问题干预研究较少，且没有较为稳定且有效的干预模式。因此，对教师的心理干预研究势在必行。

二、研究目的与研究意义

随着教育改革的不断推进，对教师要求起来越高，教师心理压力也随之增大。关于这方面的研究主要聚焦于探究教师心理健康的现状、教师心理健康问题的呈现方式及影响因素等多个方面。教师的心理健康素养不仅是我国推动学校心理健康教育追求的目标之一，也是教育学和心理学研究中备受关注的核心领域。

[①]辛素飞,梁鑫,盛靓,等.我国内地教师主观幸福感的变迁（2002~2019）：横断历史研究的视角[J].心理学报,2021,53（8）：875-889.

[②]喻晨.提升中小学教师心理健康水平,促进学生健康成长[J].中小学心理健康教育,2021（10）：69-71.

[③]朱勇.中小学教师职业倦怠及心理健康状况——以厦门市为例[J].中小学心理健康教育,2018（23）：14-20.

[④]王文军.教师心理健康保健与调适[M].北京：北京教育出版社,2019.

从近几年我国关于中小学教师心理健康状况的调查数据可以看出，大多数中小学教师在心理健康方面都存在着不同程度的困扰。教师强则教育强，教育强则国家强。教师的使命是"为人师表、教书育人"，这一使命在教育强国的背景下比过去任何时候都更有分量。教师在学生发展中扮演着极为重要的角色，教师的心理健康状况直接影响着学生的心理健康状况。随着教育事业的纵深发展和教师工作环境的不断改善，如何更好地解决中小学教师的心理问题，深入探究影响其心理健康的主要因素，并对其进行相应的干预训练，给予更多的关注和关心，已成为我们必须面对的挑战。

从心理学角度来看，中小学教师是一个特殊群体，他们具有特殊的职业特点，而生活环境及社会地位等因素都会对他们产生一定程度的压力。本研究致力于提升中小学教师的心理健康水平，通过为他们提供减压和赋能的机会，以期改善他们的心理健康水平和工作状态，提高教育教学质量。

三、研究思路与研究方法

（一）研究思路

研究思路如图1-1所示。

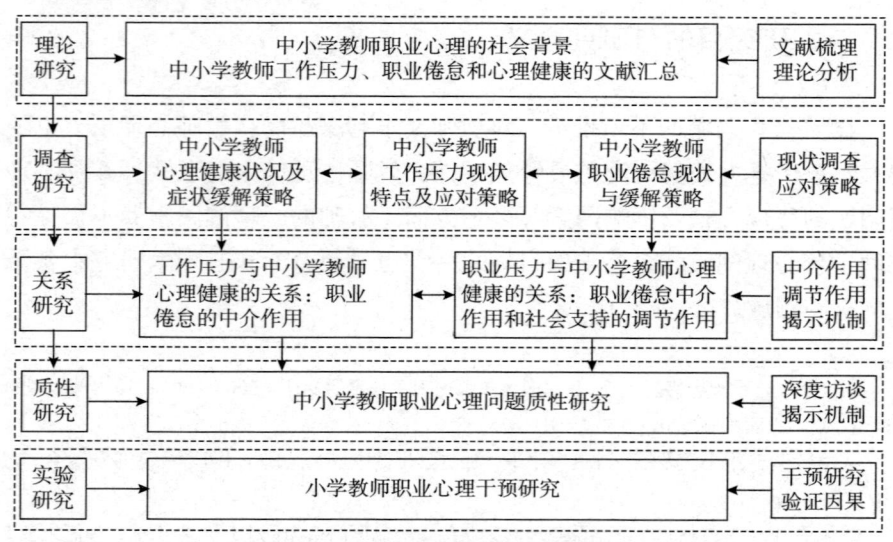

图1-1 研究思路实施技术路线图

（图片来源：   ）

（二）研究方法

1. 文献资料法

通过在CNKI、万方、维普、Web of Science等数据库，以"教师职业倦怠""教师职业压力""教师常见心理问题""教师心理问题干预策略"等为主题词进行检索，对检索出来的相关文献进行筛选，对质量较高且对本研究有重要支撑作用的文献进行精读、梳理、分析、归类，为本研究提供理论参考依据。

2. 问卷调查法

以黑龙江、吉林、辽宁中小学教师为调查对象，共发放问卷2 351份，回收问卷2 296份，回收率为97.66%。其中，有效问卷为2 173份，有效率为94.64%。

采用《中小学教师工作压力问卷》《教师职业倦怠问卷》《一般健康问卷》（GHQ-12）、《领悟社会支持量表》对中小学教师进行调查。问卷的信度、效度经检验，符合研究需要。

3. 访谈法

采用半结构访谈设计方法，对9位中小学教师进行深度访谈。其中包括3位小学老师、3位初中教师、3位高中教师。从工作状态、工作压力、工作与生活的平衡情况、工作事件、面临的困惑和亟待解决的问题、心理援助需求等方面深入了解中小学教师的职业心理现实情况，为本研究提供翔实的质性研究资料。

4. 实验法

对同一所小学68名教师进行实验干预，将被试分为实验组和对照组，并进行前后测试实验设计。在实施干预前采用《一般健康问卷》（GHQ-12）、《中小学教师工作压力问卷》《教师职业倦怠问卷》《领悟社会支持量表》对被试者进行问卷调查，然后进行为期2个月（8周）的干预实验，干预结束后对每位被试者进行第二次问卷测试，将前后两次问卷进行比较分析，观察干预实验前后的工作压力变化。

5. 数理统计法

通过运用EXCEL、SPSS22.0和AMOS24.0对《一般健康问卷》（GHQ-

12）、《中小学教师工作压力问卷》《教师职业倦怠问卷》《领悟社会支持量表》有效回收问卷数据进行分析处理。主要进行了信效度检验、描述性统计分析、差异性分析、相关和回归分析、中介效应和调节效应检验等，通过数据分析来探究中小学教师心理健康、职业压力、职业倦怠与社会支持的关系，职业倦怠的中介作用与社会支持的调节作用。

四、内容安排

根据研究需求，按照不同的研究范式与研究方法，将本研究分为五个部分，第一部分是理论研究，主要运用文献资料法，对中小学教师职业心理的社会背景、工作压力、职业倦怠和心理健康状况进行文献梳理、归纳、分析；第二部分是调查研究，主要运用问卷调查法，对《一般健康问卷》（GHQ-12）、《中小学教师工作压力问卷》《教师职业倦怠问卷》《领悟社会支持量表》进行问卷的发放、回收与数据统计处理，了解中小学教师职业心理基本情况及存在的主要问题；第三部分是关系研究，探究中小学教师心理健康、职业压力、职业倦怠与社会支持的关系，职业倦怠的中介作用与社会支持的调节作用；第四部分是质性研究，运用半结构访谈法，从工作状态、工作压力、工作与生活的平衡情况、工作事件、面临的困惑和亟待解决的问题、心理援助需求等方面深入了解中小学教师的职业心理现实情况；第五部分是实验研究，对一所小学68名教师进行实验干预，通过8次团体心理活动，对实验组与对照组进行前后测试及组间对比，得出结论，并提出缓解心理压力、促进教师心理健康的策略。

第二章　中小学教师心理健康状况及症状缓解策略

第一节　中小学教师心理健康的相关研究

一、中小学教师心理健康内涵

（一）教师心理健康的定义

1. 心理健康的内涵

在现代词典中，健康是指人们正常的生理功能没有缺陷和疾病。但仅有躯体上的健康强壮是否能被定义为健康，逐渐受到人们的质疑。在此之后联合国的世界卫生组织（WTO）提出，健康是一种生理、心理和社会适应都臻于完满的状态，而不仅仅是没有疾病和虚弱的状态。[1]学者俞国良对此概念表示认同，他认为身体无缺陷、疾病，并且身体、精神、社会适应上都处在完好状态才能被称为健康。[2]由此可知，个体健康被分为躯体健康和心理健康两个层面。

世界健康与卫生会议上首次提出心理健康这一概念，认为心理上应该拥有积极乐观、健康向上的心境。此后，众多学者也对心理健康做出过定义与阐释。

---

[1] 陈少华，邢强. 心理学基础［M］. 广州：暨南大学出版社，2017.
[2] 俞国良. 心理健康教育（教师用书）［M］. 北京：高等教育出版社，2005.

表2-1　心理健康相关定义

学者	观 点
奥尔波特[①]	心理健康的人，他的想法和行为是受意识控制的。其行为是大脑理性思考后的结果，而不是受潜意识的操控。
《简明不列颠百科全书》[②]	心理健康是个体在心理上自身允许个体与外界环境不发生冲突的范围内，能够表现出的最好的功能状态，而不是一种抵达顶峰、十全十美的绝对状态。
林增学[③]	心理健康是指个体的心理调适能力和良好的发展水平，即人在面临内部问题和外部环境的变化时，能持久地保持正常的心理状态，是诸多心理因素在良好态势下运作的综合体现。
刘华山[④]	心理健康指的是一种持续的心理状态。在这种状态下个人具有生命的活力、积极的内心体验、良好的社会适应能够有效地发挥个人的身心潜力与积极的社会功能。

由表2-1可知，目前关于心理健康的说法众多，但基本上都强调了心理健康是需要内外的协调统一，能适应社会并协调发展的过程。且大致包含以下几个方面：积极的稳定情绪、完整的人格特点、心理上的平衡、更好的自我控制感、人际和谐、生活中的明确目标。

心理健康的标准化象征心理健康概念更加具体。国内及国外的相关学者对心理健康的界定标准并不一致。一些学者认同马斯洛的观点，认为心理健康的人具备自我实现者的人格特质，见表2-2。

[①] G. W. Allport. Becoming: Basic Considerations for a Psychology of Personality [M]. Yale University Press, 1960.

[②] 中国大百科全书出版社.简明不列颠百科全书 [M].北京：中国大百科全书出版社,1985.

[③] 林增学.心理健康结构维度的研究概述及理论构想 [J].社会科学家,2000（6）：64-68.

[④] 刘华山.心理健康概念与标准的再认识 [J].心理科学,2001（4）：481-480.

表2-2　心理健康标准

学者	标　准
Jahodam	①对自己的态度；②成长、发展或自我实现的方式及程度；③主要心理机能的整合程度；④自主性或对于各种社会影响的独立程度；⑤对现实知觉的适当性；⑥对环境的控制能力。
黄坚厚	①乐于工作；②能与他人建立和谐关系；③对自身具有适当的了解；④和现实环境有良好的接触。
张大均	①自尊与自知和自我接纳；②自律能力；③稳定的人格结构和协调建立与个人能力的亲密关系；④对生命的热情和工作效率以及对现实的认识。

由表2-2可知，国内外学者对心理健康标准的看法存在较大差异，其原因可能为建立心理健康标准的依据、标准尺度宽严的把握及研究者关注点的不同。因为随着时代的发展和社会的变迁，个体心理健康标准也在不断发生变化，具有不同的内涵。并且个体心理健康并不是一成不变的，而是存在着相应的弹性空间，甚至存在于从不健康到健康的发展变化过程中。

2. 教师心理健康的内涵

教师心理健康主要是围绕着教师这一职业进行深入的研究，对教师的工作及其生活中的心理情绪变化运用调查的方式进行深入的分析，明晰教师的心理状况及需要解决的问题，可分为一般心理健康和职业心理健康。研究团队指出教师心理健康应包括职业道德、职业情绪、职业能力、职业适应等四个方面。[①]

教师心理健康标准需要体现教师的工作特性。目前，由于心理健康标准暂不统一，相关学者对教师心理健康暂未形成较为一致的观点。（如表2-3）

---

① "我国教师职业心理健康标准及测评体系研究"课题组，李瑛，游旭群. 中国教师职业心理健康——概念与结构［C］//中国科学院中国现代化研究中心.《科学与现代化》2018年第4期（总第77期）. 2018：10.

表2-3 教师心理健康标准

学者	标准
俞国良[①]	①对教师角色的认同，勤于教学工作，热爱教育工作；②有良好和谐的人际关系；③能正确地了解自我、体验自我和控制自我；④具有教育独创性和适应环境的能力；⑤在教育活动和日常生活中均能真实地感受情绪并恰如其分地控制情绪。
孙铭钟[②]	热爱教师职业、人际关系和谐、能正确地认识自我、坚韧与自制、能有效调节不良情绪，以及好学与创新。
连榕[③]	以"四有"好教师为标准，认为教师职业心理健康的标准包括教师职业认知与职业人格两方面的健康特征。
马雪玉[④]	①良好的心理适应性；②人际关系和谐；③健全的人格；④健康的情绪；⑤自我意识正确；⑥恰当的理想和生活目标。

由表2-3可知，关于教师心理健康的标准，专家、学者们的看法不一，但有一点是共同的，就是认为教师心理健康的标准既应包括一般的心理健康标准的共性，也应体现教师群体的特殊性。但教师心理健康标准并不是静止的、一成不变的，而是随着时代的发展或社会的变迁，体现出适合时代特征的内涵。

（二）教师心理健康相关理论

1. 传统心理健康模型

传统的心理评估方法，也被叫作精神病理学评估，主要是基于消极的精神病心理学指标，关注到理疾病（如抑郁、焦虑）与外化的心理障碍（如行为障碍）两个方面，以国际精神和心理障碍的标准评估手册DSM作为主要心理治疗指标，治疗的主要目的在于减轻甚至消除心理领域的病变。[②]虽然该

[①]俞国良，曾盼盼. 教师心理健康的现状、标准与对策[C]//中国心理学会. 第九届全国心理学学术会议文摘选集，2001：187-188.

[②]孙铭钟. 教师心理健康的标准和对策[J]. 应用心理学，2003，9（1）：61-64.

[③]连榕. 开启教师职业心理健康提升的新征程[J]. 教育家，2019（1）：15-16.

[④]马雪玉. 高校教师心理健康与教学效能感关系[J]. 中国公共卫生，2008（01）：122-123.

[②]KEYES C L. Mental illness and/or mental health? Investigating axioms of the complete state model of health. J Consult Clin Psychol，2005，73（3）：539-548.

模式对于保障人类的身体健康有突出贡献，但是仍然面临如下缺点：①对于精神病的病理学中单维负性诊断指标过高的依赖，导致心理健康方面的相关研究被限制在精神病理学的视角之内，且过度地关注心理障碍，却忽视了患者本身恢复与更新的能力。②个体心理健康水平的诊断存在着被高估或者低估的风险。③在干预效果上存在着部分有效、无效或者复发的问题。

2. 需求层次理论

1943年，美国著名的人本主义心理学家亚伯拉罕·哈罗德·马斯洛发表《人类的动机理论》，提出需要层次理论。他指出人类的行为动机都是基于需要的产生从而激发出来的，不同的需要会激发出不同的动机，需要之间不仅存在着先后顺序的不同，还存在着高低层次的不同，人类较低层次需求被满足了以后，便会产生更高层次的需求。[①]亚伯拉罕·哈罗德·马斯洛将人们的基本需要分为五类，由低到高的顺序依次为生理、安全、归属和爱、尊重和自我实现需要五个层次。其中，生理的需要是层次最低的且是最基本的需要。教师的生理需要表现在衣食住行等各方面。安全需要是人们对其自身生命财产等受到保护、免受威胁的需要，当这种需要得不到满足时，个体将会变得恐惧与焦虑。教师的安全需要表现为职业安全与社会保障。归属和爱的需要是人们能够保持与他人相处融洽、友好关系的需要，如人们对友情、爱情、支持和关注等的需要。教师的归属与爱的需要则表现为工作和情感的归属感。尊重的需要表现为自我尊重和受到他人尊敬的需要，当这种需要被满足时，个体将体会到自身的价值与力量，对自己充满信心。教师尊重的需要表现为受到学生的爱戴及学校领导和同事的尊重。自我实现的需要则是人类最高层次的需要，指个人潜能和个性得到最大实现的需要。教师自我实现的需要可表现为事业的成功。近些年来，国家政策不断地强调保护教师的权利，提升教师的待遇与地位，并出台了相关政策与措施，让教师获得更高的尊重与关注，基本满足了教师对安全、物质和爱的需求，当他们实现了较低层次的需求后，便会产生较高层次的需要，即自我实现与尊重的需要。高层级的需要相对复杂，这一层次的满足需要具备良好的政治条件、组织条件和

---

①MASLOW A H. Theory of Human Motivation [J]. Originally Published in Psychological Review，1943（50）：370-396.

经济条件。

3. 心理健康双因素模型（DFM）

随着积极心理学的逐渐兴起，主观幸福等积极指标开始受到相应的重视，心理健康双因素模型也开始发展起来。2001年，国外学者Greenspoon与Saklofske第一次提出了心理健康的双因素模型，并将其命名为"心理健康的双因素系统（DFM）"，把积极的指标（主观幸福感）与消极的指标（精神病理学）结合到一起，衡量中学生的心理健康。[①]主观幸福感主要体现在对生活表现出满意、情绪上表现为积极的和消极的两种情绪，生活表现出满意程度经常被认为是主观幸福中的认知元素，是由评价者基于其本身所定的生活条件，对生命品质进行整体的评价；积极的情绪（如愉快、感激、兴趣）与消极的情绪（如焦虑、生气、悲伤）为主观幸福感的情感成分。

根据心理健康双因素模型，人群可以被划分为完全心理健康、部分心理健康、部分病态和完全病态四组（如图2-1），其中完全心理健康者的主观幸福感较高，而且他们的心理疾病症状也较轻。完全心理健康是一种全面的健康状态，它不仅能够带来高水平的主观幸福感，还能够有效地控制情绪，提升心理和社会功能，从而使个体在未来12个月内免于心理疾病的侵害。心理健康双因素模型提供了一种有效的预测方法，以确保个体的心理健康。

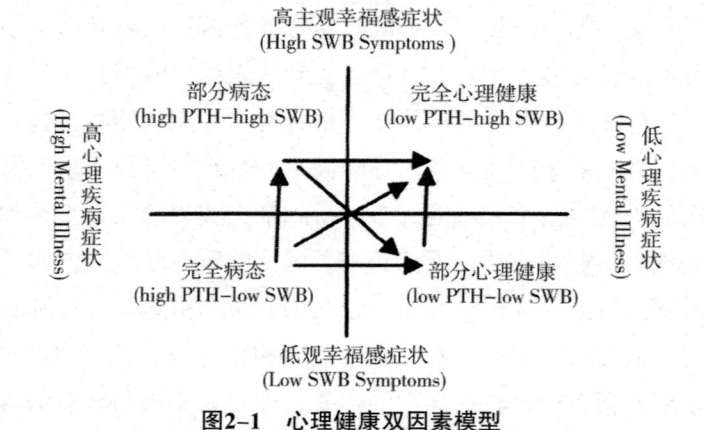

图2-1　心理健康双因素模型
图片来源：王鑫强、张大均（2011）

[①]GREENSPOON P J, Saklofske D H. Toward an integration of subjective well-being and psychopathology [J]. Social indicators research, 2001, 54（1）: 81-108.

部分心理健康者一般被称为"易感者"或"渐衰者",具有低心理疾病症状和低主观幸福感。他们的心理疾病症状不满足精神病理学的治疗条件,其身心状态常被一般的心理模式所高估,被排斥于工作与生活以外。但实际上其也需要心理支持,因此其在未来的成长中或许会更加脆弱甚至遇到困难。但相关研究表明最初生活满意度得分低的非抑郁被试者在两到三年后更有可能成为抑郁者(相比平均或高生活满意度得分者)。

部分病态者分两种,一种被认为是"有症状但自我满足的",另一种是拥有较高心理疾病症状的有自我幸福感。他们尽管经历过心理疾病(如抑郁),并被认定为常态,但心理与健康的双因子模型则指出他们拥有中度及高度的自我幸福感及社会正向影响力,因此可能也没出现过相同程度的身心障碍。

完全病态者被称为"疾患者",具有高心理疾病症状和低主观幸福感。完全病态是将低水平的主观幸福感和近期心理疾病诸如抑郁等的确诊联系起来的综合征。完全病态者具有高心理疾病症状和低主观幸福感,完全病态者不仅会表现出抑郁等症状,而且会对生活感觉到不满,表现为心理功能和社会功能受损。

目前有关心理健康双因素模型的研究,大多数都以学生为研究对象。学者海曼以中学生为研究对象,证明了以生活满意度为积极指标、以抑郁为消极指标的简化指标心理健康双因素模型适用于中国中学生。王鑫强以快乐感、生活满意度为积极指标,以焦虑、抑郁为消极指标,证实了心理健康双因素模型在大学生群体中的有效性。任闯的研究也证明,以职业承诺为积极指标、以职业倦怠为消极指标的心理健康双因素模型可以更加全面地对中小学教师的职业心理健康进行研究。

(三)教师心理健康的测量

心理健康的研究一般采用定性研究法和定量研究法。定性研究法就是通过调查或者案例进行研究,定量研究法则是通过量表进行研究。目前我国定性研究较少、定量研究较多。在定量研究中多数都采用《临床症状自评量表》(简称SCL-90)、美国康奈尔大学设计的康奈尔健康问卷(Cornell Medical Index,CMI)、明尼苏达多项个性调查表(MMPI)、艾森克个性问卷（EPQ）、《汉密尔顿抑郁、焦虑评定量表》（HAMD、HAMA）、《一般健康问卷》（GHQ-12）、《十六种人格因素问卷》（16PF）和贝克抑郁量表（BDI）等进行简单的描述性统计分析。但上述量表均不是针对教师群体编制的，且测量维度较为单一。并且上述量表均是国外学者编制的，效度方面是否会受到文化差异、民族心理素质等因素的影响，值得我国学者进行探讨。

1. 自评量表（SCL-90）

SCCL-90量表包括躯体化、强迫、人际敏感、抑郁、焦虑、敌对、恐怖、偏执、精神病性等10项因子，共90个项目。该量表具有较好的信度与效度，能全面反映被试的心理和行为的全貌。目前其广泛应用在心理健康问题的筛选中，此量表采用5级计分法：无症状的计1分，轻度计2分，中度计3分，偏重计4分，严重计5分；得分越高，心理健康状况越差。[①]

2. 康泰尔健康问卷（Cornell Medical Index，CMI）

该测验是为了检测一个人的健康状况进而做出全方位的评价，从身体上的各种情况到心理上的种种状态，也包含社会适应性的能力。该问卷共设计了90道题，问卷的内容包括4个相关的方面：躯体、精神症状、既往家族史和行为习惯等。此项测验用于诊断与评价躯体12个系统的疾病程度，以及几个精神自觉症状的现象。由于此项测验检测了躯体和心理两个方面，所以用在心理咨询中既可判断心理健康的状况也可以判断不适应的类型和程度，又能用于分析生理和心理的互相影响，对于把握身心的状况是极有帮助的。[②]

3. 一般健康问卷（GHQ-12）

该问卷共计12个题项，积极项目（反向计分，如"能集中精力于我所做的任何事情"）与消极项目（如"由于焦虑而失眠"）各一半，采用Likert4级方式记分，得分范围是12~48分。多位学者对GHQ-12问卷进行检验，结果显示该问卷具有良好的信度和效度，能够可靠地筛查心理健康状况，其得

[①] 汪向东，王希林，马弘. 心理卫生评定量表手册［J］. 北京，中国心理卫生杂志社，1999（增订版）：31-36.

[②] BRODMAN K, ERDMANN A J, LORGE I, et al. The Cornell Medical Index: an adjunct to medical interview［J］. Journal of the American Medical Association, 1949, 140（6）：530-534.

到了广泛的应用。①

二、国内外教师心理健康研究现状

教育的关键因素是教师，教师的心理健康水平将直接影响教育质量与学生身心健康。

日本的崛内敏夫教授曾经对东京市50所小学共计1 140名教师的心理健康情况进行分析，结果显示表现出适应不良的教师超过100名，占总数量的9.6%。美国学者施普来在20世纪60年代对其进行研究，在美国当地，普通居民中约占总数25%的人们存在情绪适应困难问题，然而相同的问题在教师这一职业当中约占总数的33%。

国内学者对教师的心理健康问题也曾做过几项大规模的调查分析，小学心理健康教育课题组曾在2000年对辽宁省内的168所城镇和乡村中学及小学的2 292名教师进行了检测分析，结果显示中小学教师出现心理障碍的比率竟然高达50%。2002年，国内学者采用了自编的"教师心理健康问卷"，对805名中学教师进行调查分析，结果显示：心理健康水平处于正常状态的教师占66%，处于亚健康状态的教师占32%，还有2%的教师处于偏离健康状态。肖桐等人采用了横断历史元分析的方法对1991—2014年农村教师心理健康状况的变迁进行研究，结果显示我国农村教师的心理健康水平呈现逐年下降且下降幅度明显高于城市教师。②

在中国知网，对"心理健康"进行检索，运用可视化的方法分析出发文量呈现波动趋势：第一阶段1983—2001年呈现相对平稳趋势，第二阶段2001—2019年呈现持续上升趋势，第三个阶段2019年至今出现波动，目前呈现最高峰的趋势，表明此研究属于热点且亟待解决，具体见图2-2、图2-3。

---

①BANKS M H, CLEGG C W, JACKSON P R, et al. The use of the general health questionnaire as an indicator of mental health in occupational studies. J Occupational Psychology. 1980，53（3）：187-194.

②肖桐，邬志辉. 我国农村教师心理健康状况的变迁（1991—2014）：一项横断历史研究［J］. 教育科学研究，2018（8）：69-77.

图2-2　教师心理健康的发文趋势

（图片来源：　　　）

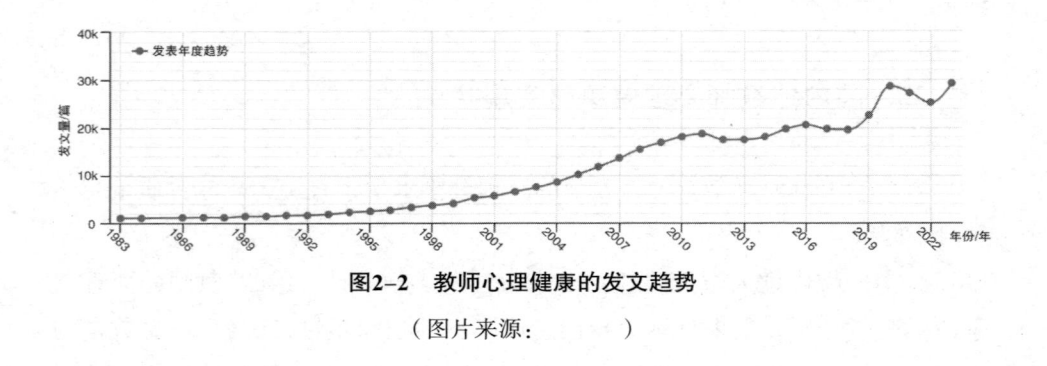

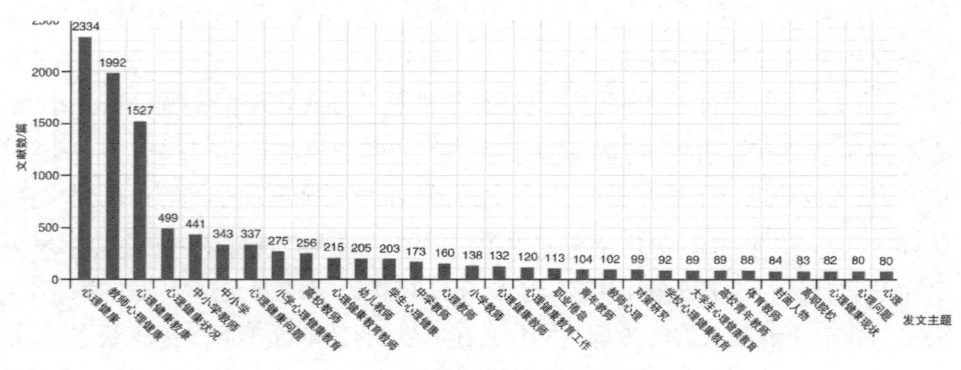

图2-3　心理健康的发文主题分布

（图片来源：　　　）

综上所述：近些年来，教师心理健康的发文数量呈现逐渐上升的趋势，表明教师的心理健康状况不容乐观，心理健康问题成为教师自身成长、专业化发展的极大阻力。基于此，关注教师的心理健康状况，给予教师心理上的关怀与帮助，确保他们以积极、健康的心态投入工作，显得尤为重要。

三、教师心理健康问题的表现及危害

（一）教师心理健康问题的症状

中国青年报调查数据显示教师群体处于健康状态的占比为10%，亚健康状态的占比为70%，疾病状态的占比为20%，且存在着人格异常、焦虑、人际敏感、情绪失调等不同现象。对国内相关的调查资料进行整理分析，将教师的心理健康问题主要表现总结见表2-4。

表2-4 教师心理健康问题的表现

心理健康问题	表现形式
人际关系的问题	教师处于较大的心理压力和不良的情绪时往往会产生认知的偏差，个体将会更容易对他人的行为产生消极反应，无法使用客观的角度和平稳的心态来看待问题，行为上易出现暴力倾向，如对家人发泄情绪、打骂子女、出言不逊等。
情绪方面的问题	感到抑郁、焦虑、恐怖等不良情绪是中小学教师心理健康出现问题的主要表现，由于工作压力大，部分教师情绪调节能力支配不足会产生不良的情绪，如焦虑。如果付出相当大的努力克服、调节，但结果不尽如人意往往会产生抑郁情绪。
躯体化症状	主要表现为情绪低落、精神不振、过度担心、不具有安全感、睡眠障碍、内心冲突与过度敏感等，更为严重的甚至出现强迫、抑郁等不良症状，同时表现出由心理行为问题所导致的各种躯体化症状，如失眠、头痛、食欲下降、心跳过速等。如教师的这些不良情绪无法及时地得到控制与调节，或者情绪归因不当，那么教师极有可能出现更加严重的心理行为问题。

高丽丽（2023年）对小学女教师的情绪问题进行研究，发现情绪问题受到家庭、学校、社会、自身等因素影响。[①]邓林园等人（2013年）对中小学教师工作家庭冲突对抑郁的关系进行研究，结果表明教师工作家庭冲突与抑郁、职业倦怠呈正相关。[②]赵磊磊（2021年）等人对教师技术焦灼的成因与消解路径进行研究，表明人工智能时代教师的技术焦灼主要体现在教师对自身智能技术应用能力感受到压力、教育人工智能技术引发了教师的专业素

[①] 高丽丽，王中华. 当前小学女教师情绪管理的问题与对策［J］. 黑龙江教师发展学院学报，2023，42（2）：141-144.

[②] 邓林园，高诗晴，王婧怡，等. 新冠疫情期间中小学教师工作-家庭冲突和抑郁：有调节的中介模型［J］. 心理发展与教育，2023，39（1）：121-131.

养焦虑。①段玄锋等人（2020年）对四川省特殊教育教师心理健康状况进行研究，表明在心理应激反应上，女教师比男教师更容易出现"神经衰弱"，5~10年教龄的特殊教育老师，相比5年以内或者10年以上教龄的教师更不容易"神经衰弱"，对于教龄超过10年的教师更不容易表现出"强迫、焦虑"的身心应激反应；年龄越大的心理教师，更易显示出"疑病"的心理应激反应。②

综上所述，中小学教师心理健康问题一般集中在人际关系、情绪问题、躯体化症状等方面。主要表现如下：亚健康问题，许多教师由于职业压力过大、社会支持感较低，长期存在抑郁、冷漠等不良情绪；人际交往问题，由于教师面临各种角色冲突，其难以参加较多的社会活动，缺乏情感互动机会，使得部分教师与领导、同事、学生经常发生矛盾冲突，造成人际关系紧张；职业行为问题，受害者自然是学生。教师心理不健康的表现：对学生失去爱和耐心，对学生冷漠；教学死板，忽视问题；伤学生自尊心；对教师这一职业失去热情，甚至开始憎恨教育，开始出现职业倦怠等。

（二）教师心理健康问题的危害

对于教师而言，心理健康是开展一切教学工作的前提，也是促进学生心理健康成长的关键影响因素，对教育事业的发展及学生身心健康发展均具有积极意义。任何表现形式的不良情绪，带给他人的都是负面情绪体验，这不仅会影响学生的健康成长，而且对教师自身的发展也造成不良影响。通过对相关文献进行梳理，把教师心理问题的危害归为以下几类，见表2-5。

---

①赵磊磊，江玉凤，杜心月.人工智能时代教师角色焦虑的表征与纾解路径［J］.教师发展研究，2021，5（4）：32-37.

②段玄锋，李燕，王婧.重大疫情期间四川省特殊教育教师心理健康状况的调查研究［J］.现代特殊教育，2020（18）：12-18.

表2-5 教师心理健康问题的危害

表现形式	危害
人际关系问题	不愿与他人交往,受教师自身职业特点的影响,教师的交际圈往往较窄,部分教师缺少社会交往,信息渠道较少,这会使教师容易产生认知方面的偏差,心理压抑,抗拒与他人的交往。处在这样心理状况下的教师极其容易与同事缺少沟通从而导致人际关系紧张,少数教师会同周围人锱铢必较,因小利而破坏良好的人际关系,甚至会大打出手。
不良情绪	这是学生成长的危机,中小学是学生成长和发育的关键期,教师的不良情绪会给学生带来消极的情绪体验,影响学生健康情绪的形成和发展。长期的消极状态也会使中小学教师的工作热情消失殆尽、情绪逐渐衰竭,直接导致职业倦怠,从而影响教师的职业幸福感。
躯体化症状	部分教师出现自信心消失和控制情绪能力减弱的情况,结果导致成就动机与自我效能感开始降低,与此同时,教师表现出自我怀疑,自我效能感减弱,将工作上遇到的问题归咎到学校、学生或其他的同行,进而情绪波动,易怒,对周围的人产生敌对心理,抱怨社会等。

相关研究将心理健康问题的危害归为以下4类：①对教师本身健康的危害。若教师一旦表现出心理健康问题,将会出现抑郁、焦虑等非正常情绪,具体表现为失眠、食欲不振、咽喉肿痛、恶心、心率过快、呼吸费力、头疼等状况。如不及时疏导,则可能引发神经征,如焦虑症、抑郁症、强迫症、恐怖症等,甚至引发其他疾病,如高血压、偏头疼、心绞痛、消化性溃疡等。②对学生个性化发展的危害。教师若被心理问题困惑,可能出现情绪化问题,影响课堂效果。③对教育教学质量产生的危害。心理问题困扰将导致教师工作动机不足,认知能力降低,在课前备课、课上授课、课后辅导等多个教学环节中表现出搪塞敷衍以及机械化的应对方式等状况,从而使大多数学生的积极性受挫,甚至严重的会影响教育教学质量。④对教师本身职业的危害。教师心理不健康,其影响是总体的、社会的、长远的,教师的心理健康比教师的专业学科知识、教学方法和管理工作更为重要。

因此,促进和保护中小学教师的心理健康,不但能提高教师的生活质量,还能保证教育教学质量,同时学生心理健康发展也得到了保障。

四、教师心理健康的影响因素

健康的身体状况是心理健康的前提保证，若心理健康出现了问题，可能与身体因素存在关联。心理学家通过遗传、性别等因素对心理健康的影响做过大量研究，结果显示，二者之间的确存在着内在的联系。相关研究表明，影响教师心理健康的因素，从形态上可分为动态分析和静态分析两方面；又可分为社会因素、职业因素、教师内在因素。

马文燕（2023年）对教师心理健康的影响进行研究，结果发现幼儿园、小学、中学和高职院校教师的心理健康问题分别占总数的38.5%、33.7%、30.7%、46.6%，工作压力、职业倦怠、生活满意度和心理健康之间均存在显著预测作用。[1]罗小兰（2015年）研究了中学教师心理健康、胜任力与工作投入关系，得出心理健康对胜任力产生显著负向相关的关系，心理健康对工作投入产生显著负向相关关系，胜任力与工作投入呈显著正向相关关系；且胜任力在中学教师心理健康和工作投入之间的中介效应呈现显著作用。[2]张庆凤等人（2016年）对高校体育教师职业倦怠、心理健康和人格特质的关系进行研究，结果表明职业倦怠、心理健康与人格特质呈存在密切的关系。当前体育教师的心理健康状况处于一般水平，其职业倦怠是导致该结果的重要因素之一，职业倦怠对体育教师产生的心理负面影响会大于对身体上的不利因素。职业倦怠不仅会影响个别教师的心理健康，而且还会在同伴之间相互传播，这样将影响其他同事的心理健康。[3]郭成等人（2017年）探讨了教师自主与教师心理健康之间的相关性，以及领悟社会支持对它们之间的影响程度，发现中小学教师自主的发展呈现出较高的水平，可各维度发展并不是

---

[1]马文燕，邓雪梅，李大林.加班频率对教师心理健康的影响：职业倦怠和生活满意度的链式中介作用［J］.贵州师范学院学报，2023，39（4）：77-84.

[2]罗小兰.中学教师心理健康、胜任力与工作投入关系的实证研究［J］.教育理论与实践，2015，35（25）：43-46.

[3]张庆凤，程广振.高校体育教师职业倦怠、心理健康和人格特质的相关性探析［J］.四川体育科学，2016，35（6）：64-72.

很均衡；中小学教育领域的发展处于较好的层次，但在性别和年龄段上出现了明显的差距；中小学教师心理的总分表现明显优于全市常模，但身心健康状况不是十分乐观。教师的自主性水平对学校心理健康水平形成积极影响作用，教师自主性水平发挥得更多，心理健康状况就会更好；领悟的社会支持水平在教师主体性和心理健康间起着互相协调的关键作用，即随着教师领悟能力水平的逐步提高，低自主性教育对教师身心健康的调节作用也会逐步减弱。[1]董志文等人（2022年）研究中小学教师的社会比较倾向对心理健康的影响作用，结果显示职业压力在其中起到中介作用，而心理弹性起着调节的作用，社会比较增强了中小学教师的职业压力，从而降低了他们心理的健康，而心理弹性缓解了中小学教师社会比较倾向对职业压力和心理健康的负面影响作用。[2]张傲子等人（2022年）对幼儿教师心理健康状态的影响进行研究，结果显示：幼儿教师情绪意识处于中等水平，心理健康中的躯体化、抑郁、焦虑、恐怖因子得分显著高于全国常模，且正向预测了心理健康水平。[3]任闯（2019年）对教师职业心理健康的影响进行研究，发现对其造成影响的因素有工作因素、家庭因素及付出—回报失衡因素。研究认为不同性别的特殊教育教师在心理健康发生率上有很明显的差别，但特别指出特殊教育教师在"抑郁因子"得分上呈显著的性别差异。[4]于红莉（2007年）研究显示，特殊教育教师的心理健康水平在性别上存在显著差异，由于受"男主外，女主内"传统观念的影响，女教师除了要完成和男教师相当的工作任务，还要承担更多家庭方面的责任（如养育子女、孝敬父母、家庭劳

---

[1]郭成，杨玉洁，李振兴，等.教师自主对教师心理健康的影响：领悟社会支持的调节作用［J］.西南大学学报：自然科学版，2017，39（6）：141-147.
[2]董志文，曹毅，侯玉波，等.社会比较与中小学教师的心理健康：职业压力与心理弹性的作用［J］.中国健康心理学杂志，2023，31（6）：876-881.
[3]张傲子，张琦，石小加，等.情绪意识对幼儿教师心理健康状态的影响［J］.中国健康心理学杂志，2022，30（1）：65-70.
[4]任闯.工作因素、家庭因素对教师职业心理健康的影响：付出—回报失衡的中介作用［D］.西安：陕西师范大学，2019.

动等)①。徐美贞则对培智、盲校、聋校三类教师的心理健康状况进行了比较研究,结果显示培智学校教师在强迫症状、焦虑及恐怖方面明显严重于盲校教师。②此外,与心理健康相关的工作资源当中,影响较为明显的是人们感受到来自他人的关心与理解、尊重和支持等情感体验与满意程度,即社会支持。

综上所述,教师的心理健康受以下多种因素影响。①社会因素:社会对教育的高期待、教育制度、政策以及教师待遇等因素;②职业因素:职业特点、竞争机制、时间冲突等因素;③教师内在因素:教师自我思维方式、自我减压能力、人格特质、性格等因素。

第二节 中小学教师心理健康的发展特点

一、调查对象与研究工具

(一)调查对象

本研究采用方便取样的方法,调查了黑龙江省、吉林省和辽宁省9所中小学校,共有751名教师参与了问卷调查,删除无效问卷65份,最终获得有效问卷686份,有效回收率为91.34%。调查对象的基本情况见表2-6。

表2-6 调查对象的人口学变量特征(n=686)

人口学变量		人数/人	百分比/%
性别	男	177	25.80
	女	509	74.20
年龄	20~30岁	130	18.95
	31~40岁	181	26.38
	41~50岁	204	29.74
	50~60岁	171	24.93

---

① 于红莉.特殊教育教师心理健康状况的调查研究[D].长春:东北师范大学,2007.
② 徐美贞.特殊教育教师心理健康状况的调查研究[J].中国特殊教育,2004(2):4.

续表

人口学变量		人数/人	百分比/%
教龄	1～3年	109	15.89
	4～6年	82	8.55
	7～18年	148	21.57
	19～30年	222	32.36
	30年以上	125	18.22
是否班主任	是	184	26.82
	否	502	73.18
学历	专科及以下	29	4.23
	本科	575	83.82
	硕士研究生	81	11.81
职称	二级以下	72	10.50
	二级	151	22.01
	一级	263	38.34
	副高级	196	28.57
	高级	4	0.58
学段	小学	209	30.47
	初中	242	35.28
	高中	235	34.40
是否重点	是	281	40.96
	否	405	59.04
所教科目	语数外	311	45.34
	理化生	71	10.35
	史地政	118	17.20
	音体美劳计社会	186	27.11

（二）研究工具

研究工具为一般健康问卷。中小学教师心理健康问题的评估采用李艺敏（2015）修订的《一般健康问卷（GHQ-12）》。[①] 该问卷包括12个项目，采用4级记分，从"从不"计1分到"经常"计4分，得分范围在12～48分，得分越高表示心理健康水平越低。该问卷的内部一致性信度系数为0.709。

（三）数据处理

本研究采用SPSS26.0对数据进行统计处理，进行独立样本t检验和单因素方差分析。

二、中小学教师心理健康在人口统计学变量上的差异

（一）中小学教师心理健康在性别上的差异分析

为了解中小学教师心理健康在性别上是否存在差异，本研究采用独立样本T检验，对中小学教师心理健康进行分析，统计变量的均值、标准差和T值。如表2-7所示。

表2-7 中小学教师心理健康在性别上的差异性检验（n=686）

变量	性别（M±SD） 男（n=177）	性别（M±SD） 女（n=509）	T值
心理健康	31.36±5.893	33.21±4.125	−4.570*

由表2-7可知，运用独立样本T检验分析对不同性别的中小学教师的心理健康进行差异性检验，性别在心理健康中存在显著性差异（P<0.05，T=−4.570），女性的心理健康水平得分显著高于男性，这意味着心理健康存在着一定的性别差异，且女性心理健康问题显著高于男性。

（二）中小学教师心理健康在年龄上的差异分析

为了解中小学教师心理健康在年龄上是否存在差别，本研究采用单因素方差检验，对中小学教师心理健康进行分析。如表2-8所示。

[①] 李艺敏，李永鑫. 12题项一般健康问卷（GHQ-12）结构的多样本分析［J］. 心理学探新，2015，35（4）：355-359.

表2-8 中小学教师心理健康在年龄上的差异分析（n=686）

变量	年龄（M±SD）				F值
	20~30岁（n=130）	31~40岁（n=181）	41~50岁（n=204）	51~60岁（n=171）	
心理健康	31.71±5.580	32.82±4.024	33.35±4.709	32.70±4.712	3.284*

由表2-8可知，运用单因素方差分析对不同年龄的中小学教师的心理健康进行差异性检验，年龄在心理健康中存在显著性差异（P<0.05，F=3.284）。

表2-9 关于中小学教师心理健康年龄变量的事后分析（n=686）

因变量	（I）年龄	（J）年龄	平均值差值（I-J）	标准误	显著性
心理健康	20~30岁	31~40岁	-1.110*	0.539	0.04
		41~50岁	-1.645*	0.526	0.002
		51~60岁	-0.988	0.546	0.071
	31~40岁	41~50岁	-0.535	0.479	0.264
		51~60岁	0.122	0.50	0.808
	41~50岁	51~60岁	0.657	0.486	0.177

由表2-9可知，20~30岁与31~40岁的中小学教师在心理健康上差异显著，20岁与41~50岁的中小学教师在心理健康上存在显著差异，其余年龄段均无显著性差异，通过比较均值发现41~50岁教师心理健康水平最低。

（三）中小学教师心理健康在教龄上的差异分析

表2-10 中小学教师心理健康在教龄上的差异分析（n=686）

变量	教龄（M±SD）					F值
	1~3年（n=109）	4~6年（n=82）	7~18年（n=148）	19~30年（n=222）	>30年（n=125）	
心理健康	31.3±4.676	32.91±4.952	33.21±4.724	32.82±4.546	33.16±4.693	3.236*

由表2-10可知，运用单因素方差分析对不同教龄的中小学教师的心理健康进行差异性检验，教龄在心理健康中存在显著性差异（$P<0.05$，$F=3.236$）。

表2-11　关于中小学教师心理健康教龄变量的事后分析（n=686）

因变量	（I）教龄	（J）教龄	平均值差值（I-J）	标准误	显著性
心理健康	1～3年	4～6年	−1.612*	0.684	0.019
		7～18年	−1.907*	0.591	0.001
		19～30年	−1.517*	0.548	0.006
		30年以上	−1.857*	0.614	0.003
	4～6年	7～18年	−0.295	0.644	0.647
		19～30年	0.095	0.605	0.876
		30年以上	−0.245	0.665	0.712
	7～18年	19～30年	0.390	0.497	0.433
		30年以上	0.049	0.569	0.931
	19～30年	30年以上	−0.340	0.524	0.516

由表2-11可知，中小学教师的心理健康在不同教龄上存在显著差异，1～3年与4～6年、7～18、19～30年及30年以上的差异显著，从均分值进行分析，7～18年教龄的教师均分值最高，其次是30年以上、4～6年19～30年，最低是1～3年，均分值越高表明心理健康水平越低，心理健康存在一定问题，说明教龄短的教师心理健康水平高于教龄长的教师。教师心理健康出现问题可能归结于教师工作负担较重、竞争激烈及心理承受能力偏差等，这与范晓宇（2016年）的研究结果具有一致性。

（四）中小学教师心理健康在职称上的差异分析

为解中小学教师心理健康在职称上是否存在差别，本研究采用单因素方差检验，对中小学教师心理健康进行分析。如表2-12所示。

表2–12 中小学教师心理健康在职称上的差异分析（n=686）

变量	二级以下 （N=72）	二级 （N=151）	一级 （N=263）	副高级 （N=196）	正高级 （N=4）	F值
	职称（M±SD）					
心理健康	31.3±4.439	32.32±5.300	32.94±4.261	33.17±4.777	38.00±4.967	3.632**

由表2–12可知，运用单因素方差分析对不同职称的中小学教师的心理健康水平进行了差异性检验，职称在心理健康中存在显著性差异（$P<0.01$，$F=3.632$）。

表2–13 关于中小学教师心理健康职称变量的事后分析（n=686）

变量	（I）职称	（J）职称	平均值差值（I–J）	标准误	显著性
心理健康	二级以下	二级	−0.950	0.670	0.157
		一级	−1.568*	0.622	0.012
		副高级	−1.793*	0.644	0.006
		正高级	−6.625*	2.402	0.006
	二级	一级	−0.618	0.477	0.196
		副高级	−0.844	0.506	0.096
		正高级	−5.675*	2.369	0.017
	一级	副高级	−0.225	0.441	0.610
		正高级	−5.057*	2.356	0.032
	副高级	正高级	−4.832*	2.362	0.041

由表2–13可知，二级以下与副高级差异性显著，副高级的均分高于二级以下，二级以下与正高级差异性显著，正高级均分高于二级以下，职称越高均值越高，心理健康水平越低。这与王益民等人（2014年）的研究结果是一致的，他指出具有高级职称的教师对自身赋予较高的期望，家庭与社会也给予他们更多的期望，同时他们作为学校的骨干力量，工作在最核心的岗位，教学的任务重、责任大，致使他们的心理压力较高、心理健康水平较低。[27]

（五）中小学教师心理健康在学段上的差异分析

为了解中小学教师心理健康在学段上是否存在差别，本研究采用单因素方差检验，对中小学教师心理健康进行分析。如表2–14所示。

表2-14　中小学教师心理健康在学段上差异性分析（$n=686$）

变量	小学（$N=209$）	初中（$N=242$）	高中（$N=235$）	F值
心理健康	32.98 ± 4.036	32.14 ± 5.647	33.13 ± 4.136	3.024*

由表2-14可知，运用单因素方差分析对不同学段的中小学教师的心理健康进行差异性检验，职称在心理健康中存在显著性差异（$P<0.05$，$F=3.024$）。

表2-15　关于中小学教师心理健康学段变量的事后分析（$n=686$）

变量	（I）学段	（J）学段	平均值差值（I-J）	标准误	显著性
心理健康	小学	初中	0.831	0.444	0.061
		高中	−0.156	0.447	0.727
	初中	高中	−0.987*	0.43	0.022

由表2-15可知，初中与高中教师心理健康水平在心理健康上存在显著差异，高中教师的均值高于小学和初中教师的均值，说明高中教师的心理健康水平低于小学和初中。其原因是高中面临学生的升学考试压力，高中的课程安排紧凑导致高中教师压力偏大。

（六）中小学教师心理健康在学校类别上的差异分析

为解中小学教师心理健康在学校类别上是否存在差异，本研究采用独立样本T检验，对中小学教师心理健康进行分析，统计变量的均值、标准差和T值，P值情况，对T值进行标注。如表2-16。

表2-16　中小学教师心理健康学校类别上的差异性分析（$n=686$）

变量	重点（$n=281$）	非重点（$n=405$）	T值
心理健康	32.56 ± 4.582	32.86 ± 4.802	−0.845

由表2-16的数据可知，分析结果显示变量P值大于0.05，说明中小学教师心理健康在学校类别上不存在显著差异，中小学教师不会因为学校类别的差异而感知到不同的心理健康问题。

（七）中小学教师心理健康在是否担任班主任职务上的差异性分析

为了解中小学教师心理健康在是否担任班主任职务上存在差异，本研究采用独立样本T检验，对中小学教师心理健康进行分析，统计变量的均值、标准差和T值、P值情况，对T催进行标注。如表2-17所示。

表2-17 中小学教师心理健康是否担任班主任职务上的差异性分析（n=686）

变量	是否担任班主任（M±SD）		T值
	是（n=184）	否（n=502）	
心理健康	32.43±4.661	32.48±4.710	2.340*

由表2-17可知，运用独立样本T对是否担任班主任职务的中小学教师的心理健康进行差异性检验，其存在显著性差异（$P<0.05$，$T=2.340$），这与刘洋（2018年）的研究结果具有一致性。

（八）中小学教师心理健康在所教科目上的差异性分析

为了解中小学教师心理健康在所教的科目上是否存在差异性，本研究采用单因素方差检验，对中小学教师心理健康进行分析。

表2-18 中小学教师心理健康在所教科目上的差异分析（n=686）

变量	所教科目（M±SD）				F值
	语数外（n=311）	物理化学（n=71）	史地生政（n=71）	音体美劳计社会（n=186）	
心理健康	33.09±4.662	33.46±3.805	32.67±5.441	31.91±4.526	3.099*

由表2-18可知，运用单因素方差分析对所教科目不同的中小学教师心理健康进行差异性检验，所教科目在心理健康中存在显著性差异（$P<0.05$，$F=3.099$）。

表2-19 中小学教师心理健康所教科目变量事后分析（n=686）

变量	（I）科目	（J）科目	平均值差值（I-J）	标准误	显著性
心理健康	语数外	理化生	-0.375	0.617	0.544
		政史地	0.421	0.507	0.407
		音体美劳计社会	1.181*	0.435	0.007
	理化生	政史地	0.795	0.705	0.259
		音体美劳计社会	1.556*	0.654	0.018
	政史地	音体美劳计社会	0.761	0.552	0.169

由表2-19可知，语数外与音体美劳计社会在中小学教师心理健康方面存在差异性，理化生与音体美劳计社会在中小学教师心理健康方面存在差异性，理化生与语数外的中小学教师心理健康均值都高于音体美劳计社会的中小学教师，其表明语数外和理化生教师心理健康水平低，其原因可能是音体美劳计社会科目考试压力较小。

第三节 中小学教师心理健康的应对策略

一直以来受应试教育的影响，大多数中小学教师把更多的关注放在自身的教学能力上，对于心理健康方面关注得很少。教师既为知识的传授者，也为学生学习的引路者及灵魂的改造者，面对升学压力、成绩压力、教学压力等，有必要深入探讨如何更好地缓解中小学教师心理健康问题，基于此提出相应的策略。

一、社会层面

首先，应降低教师相应的工作负担。多数研究已证实，工作任务量过重、任务要求严格、时间过紧，班级学生的数量过多，或布置的任务超过了教师本身的能力和相应的范围等，都将导致教师形成过大的工作压力，从而造成"角色超载"等现象。美国研究者萨顿认为，这种现象会造成不同的行为。第一，教学质量降低或教师无法完成相应的工作，将直接使教师产生焦虑和低自尊；第二，教师持续地完成已超越了自身能力范围"角色"的要求，这样会使教师缺乏休息时间，导致身心出现疲惫，无暇关心照顾自己的家人，从而出现家庭问题。这两方面都极可能造成教师在心理健康方面出现问题，基于此减轻教师工作方面相应的负担迫在眉睫。

教育主管部门在制定关于减负的政策时需关注以下3个方面。①教师应具有足够的时间与精力来完成自身的教学工作，减少与教学相关性不密切的其他职务工作（如与行政相关的工作），从而促进教师高效率地工作。②教师在工作环境方面能获得最佳环境，在软件和硬件设施上配备得齐全，教师可以得到更多的培训机会。③主要上级管理部门在处理相应问题时尽可能地多征求一线教师的意见和观点，制定有针对性的切实可行的方针和政策。

其次，进一步完善中小学教师的评价体系。在我国，学习成绩都是以中小学教师工作业绩为主要的评价模式，这样便使得广大教师若想要减轻学生的课业负担是不太可能的，因此便形成了说是素质教育，其实在行动上依然是应试教育的局面，然而这类评价体系会对中小学教师产生极大的生理及心理压力。在工作、精力和身心三个方面承受压力，导致很多教师不堪重负。想要使素质教育真真切切地实施落地，则必须减轻教师的负担，改革过往那些陈旧式的评价体系，建立和素质教育匹配的评价体系。

二、学校层面

学校是教师所处时间较久的地方，学校环境、领导的言行举止、同事的说笑语气，都会影响教师的心情，可见，学校各个方面都会对教师的心理健康产生直接且重要的影响。首先，给教师营造一个舒适的工作氛围。良好的工作环境分为以下4方面：①校园若具备良好的舆论气氛，便能有效地提高教师心理健康状态，反之，会使教师想要逃离这种环境。这其中起到导向作用的自然是学校的各级领导们，其实最主要的应该是校长。各级领导应提倡积极的人生观与价值观，激励教师为学校长远的目标而奋斗，表扬自我追求专业发展、个人不断提升、关心爱护学生的教师，公平公正处理教师之间的矛盾。②在学校中处于管理层的领导者们倡导以人为本的观念。要关切教师们的生活质量、精神需求，总体提高教师的福利待遇。③学校各级领导需要尊重中小学教师的人格，对教师的工作给予相应的认可。④每位教师都具有发言权，参与课程改革，既降低了教师本身的困惑，也促使教师确认自己是学校的主人，这样能提高他们工作的积极性。

三、个人层面

正确地看待自己，学会取悦自己。一个教师若对自己有清晰的认识且能够接纳自己，能够客观平静地看待自己的优势与不足，可以获得更多的其他人对自己的尊重。主要包含以下两点：一是清晰地了解自己具备的能力、性格特点等，客观地看待自己的优势和劣势；二是对教师自身职业角色的认同，能够热爱其教育事业、关心爱护学生。只有高度认可教师职业角色，才可以保持高投入的工作态度，勇敢地接受外界的挑战，拥有强烈的使命感，把工作当作自己快乐的源泉。

关注中小学教师的心理健康状况，不仅需要关注中小学教师群体的不健康心理与行为，更应该深层次挖掘这些不健康心理和行为源头，以便达成解决此问题的目的。中小学教师为整个教师队伍的重要组成部分，他们的心理健康状况不仅会直接影响教学效果，还能对学生的心理健康产生影响，因此，重点关注中小学教师的心理健康迫在眉睫。提升中小学教师的心理健康素养不仅可以促进教师自身专业素养，也是推动高效率教学质量的重要保障，同时也可以是培养学生全面发展的必然选择。由于素质教育的不断深入开展，提升中小学教师的心理健康素养应被设为一个重要的课题，受到学校高度的重视。

第三章 中小学教师工作压力现状特点及应对策略

第一节 中小学教师工作压力与压力源

一、中小学教师工作压力的定义

（一）压力的概念

在古代，人们用"重压"描述来自社会、家庭或工作的压力。"压力"一词最开始活跃于物理学领域，被用来描述物体受到的重量或力。14世纪，在物理学和工学的研究描述中，压力最终被定义为外部力量对物体产生作用致使其发生扭曲、变形，这个外部力量就是指压力。

压力在心理学领域也被称为应激或紧张。哈佛大学的生理学家坎农在社会学中提出"压力"一词，他认为压力是无序的、争夺的、逃避的综合征状反应，是一种与稳定、平衡相反的情绪状态，是个体由于体内环境水平的不适应、不平衡所导致的。[1]坎农认为个体在面临压力时会产生强烈的情绪体验并作出攻击或逃跑的行为反应，以此适应生活环境。

加拿大生理心理学家汉斯·塞利首次将压力引入医学领域。他认为压力是一个复杂的科学概念，人们对压力的了解只停留在表面，缺少更深层次的探究。1936年，塞利在《自然》杂志上发表了第一篇关于"一般适应综合征"（general adaption syndrome）的科学论文，也就是我们今天所说的"生

---

[1]CANNON, W. B. Problems confronting medical investigators [J]. Science, 1941, 94 (24): 171–179.

物压力"（biologic stress）。至今，"压力"一词已有80多年的历史。[1]塞利将压力定义为个体对感知到的威胁作出的"非特异性反应"，包括愉快的和不愉快的。[2]他认为压力是促进个体成长、发展的重要动力之一，将压力分为"积极压力"和"消极压力"；积极压力与消极压力都会引起个体生理或生化上的变化，从而引起个体的"非特异性反应"。柯礼柯夫（2001年）认为压力是个体的能力无法满足外部对个体要求时所产生的心理状态[3]。目前心理学领域对压力比较普遍的看法是：个体面对具有威胁性刺激情境（stimuli-events）时，伴有躯体机能以及心理活动改变的一种身心紧张状态，也称应激状态，包括各种内在情境和外在情境在内的刺激事件被称为压力源（stressor）。

根据前人有关压力的研究，可以对压力的定义从以下三个方面进行概括：一是强调压力源，关注造成压力的外部源，如对物体产生作用致使其发生扭曲、变形的外部力量。二是强调压力反应，即压力是个体感知外部刺激后所作出的主观反应。三是强调压力是刺激与反应交互作用的产物，刺激与反应的交互作用会引起个体产生一系列生理、心理及行为上的变化，强调压力是一个复杂的反应过程。

（二）工作压力

1. 工作压力的概念

我国研究者们对于"职业压力"等同于"工作压力"这一说法上存在分歧，在梳理大量相关文献后发现，大部分研究者认同职业压力就是工作压力。一些学者认为，工作压力分为狭义和广义两种。狭义的工作压力指个人在工作场合中所感受到的压力，但是，广义的工作压力不仅包含了狭义的工作压力，还包括除了工作环境，其他导致个人感受到工作压力的压力。因

---

[1] SZABO S, YOSHIDA M, FILAKOVSZKY J, et al. "Stress" is 80 Years Old: From Hans Selye Original Paper in 1936 to Recent Advaances in GI Ulceration [J]. Current Pharmaceutical Design, 2017, 23（27）: 4029-4041.

[2] SELYE H. The stress of life [M]. McGraw Hill, 1978.

[3] Kyriacou C. Teacher stress: Directions for future research. Educational Review, 2001, 53（1）: 27-35.

此，工作压力是工作需求与个人特点交互影响的产物。

外国研究人员Caplan和Cobb认为，工作压力是指对个体构成威胁的工作环境的特征，两种类型的工作压力可能会威胁到个体：一是需求不能被满足，二是满足需求的资源不充分[①]。Margolis和Kroes（1973年）提出工作压力是工作条件和工作者的特征之间的交互作用，并干扰了个体心理和生理的平衡状态。[②]这种受到干扰的状态便是与工作有关的紧张，这种紧张可以分为五个层面：短期主观状态，如焦虑、易怒等；长期慢性心理反应，如消极、抑郁等；过度的生理变化，如肾上腺素分泌失调、高血压等；身体健康变差，如消化不良、气喘等；工作表现低落。Caplan和Cobb（1975年）认为工作压力是一种会使人感到不安全的工作环境[③]。工作压力可分为两类：一是工作环境对员工的要求不满意，二是工作环境对个人的要求不满意。

徐长江（1999年）认为工作应激是在工作环境中，在应激源的长期作用以及个体个性特点与应激反应的多种影响下，个人产生生理、行为反应的过程。[④]石林（2003年）认为工作压力是一种工作需求，它使员工感到自己必须为之付出更多的努力，同时也是对这种需求的一种身体与精神上的回应。[⑤]当前，研究者将工作应激界定为两个方面：一是工作应激发生的场景，二是个体对场景的评估，即压力源引起的应激反应，同时工作特性也会影响工作压力的性质和特性。在工作过程中，外部环境带来的威胁或者逼迫会让工作者长时间地处于紧张的状态，最后会使他们的心理和生理发生变化，而这种变化也会对他们的行为并对外界的情绪反应产生影响，从而使他

---

① CAPLAN R D, COBB S, FRENEH J R P. Job demands and worker health: Main effects and occupational differences. Nosh Research Report [C]. Washington, DC, US: DHEW Publication, 1975: 75-160.

② MARGOLIS B K, KROES W H. Occupational Stress and Strain [J]. Occupational Therapy in Mental Health, 1973, 2: 15-20.

③ CAPLAN R D, COBB S, FRENEH J R P. Job demands and worker health: Main effects and occupational differences. Nosh Research Report [C]. Washington, DC, US: DHEW Publication, 1975: 75-160.

④ 徐长江. 工作压力系统：机制、应付与管理 [J]. 浙江师大学报, 1999 (5): 69-73.

⑤ 石林. 工作压力的研究现状与方向 [J]. 心理科学, 2003, 26 (3): 494-497.

们的主体特征发生改变。工作压力通常与工作环境的恶化有直接的联系，因为外部工作环境的变化会使工作者承受更大的工作负荷，所以，长期在工作中的人会有压抑、不适的情绪，而这种不适的感觉，最终会影响他们的身心健康。

2. 中小学教师工作压力的概念

有关教师工作压力的研究可以追溯到20世纪70年代，Brener和Bartell（1984年）认为教师压力是教师自身与学校特性、学校潜在应激源、现实应激源、工作相关应激源、应激行为与健康状态、人格特质与应激机制和非工作相关的应激因素等综合影响的结果。[①]教师的工作压力来自教师的工作，是教师对于自己工作中负面因素的一种综合的情绪表现。当教师认识到外部环境会给他们带来直接危害时，他们就会采取相应的预防措施，以减轻或应对这些因素带来的消极危害。

Kyriacou（1985年）认为教师工作压力指的是教师在工作过程中出现的一种负面或感到不快的情感体验。[②]Boyle、Borg、Baglioni等人（1995年）认为教师工作压力是教师负性情绪的一种表现，而工作压力会带给教师在病理、生理及心理方面的潜在变化，它受到教师自尊感知到的威胁因素与缓解威胁因素的应对机制的调节。[③]Olivier等学者（2003年）经过研究认为教师工作压力是由于教师的工作性质，使得教师不能很好地处理实际的或者可以感觉到的身体或者精神上的需要，从而产生的一系列反应。[④]

严军峰（2006年）认为教师的工作压力主要是教师自身的素质和多种外部因素共同导致的，它包括愤怒、焦虑、紧张、成就感低及抑郁等令人不愉

[①]BRENNER S O，BARTELL R. The teacher stress process：A cross-cultural analysis［J］. journal of organizational behavior，1984，5（3）：183-195.

[②]KYRIACOU C，PRATT J. Teacher stress and psychoneurotic symptoms［J］. British Journal of Educational Psychology，1985，55（1）：61-64.

[③]BOYLE G J，BORG M G，FALZON J M，et al. A structural model of the dimension of teacher stress［J］.British Journal of Educational Psychology，1995，65（1）：49-67.

[④]OLIVIER M A J，VENTER D J L.The extent and causes of stress in teachers in the George region［J］.South African Journal of Education，2003，23（3）：186-192.

快的消极情感体验。[1]黄依林等（2006年）认为教师工作压力是教师无法解决工作问题时而产生的一种消极的紧张情绪。[2]以徐富明、申继亮和朱从书（2002年）为代表的学者认为，中小学教师的专业压力，主要是指教师在教育教学过程中，长期受各种压力源所干扰使得不管是教师的个体目标，还是现实目标都无法实现，从而导致一系列的后果，这一系列的反应，将反映在教师的身心状况和相应的行为表现上。[3]

二、中小学教师压力源的概念

（一）压力源的概念

压力源和压力反应是压力研究中两个重要的内容。对于压力源的定义，研究者们给出了不同的界定。

在心理学中，压力源又被称为"应激源"或"紧张性刺激"，指个体在对所面临的环境条件进行评估后，所感受到的对其身心健康有威胁的环境刺激。而在组织中，工作压力源指的是引起工作压力的刺激或情景。在对应激的认识上，学界有"客观"与"主观"的争论，"主观说"主张应激具有主观性，同一应激条件下，不同的人会有不一样的应激反应，但"客观说"主张，某些应激因素已经超出了个人认识与调节的能力，因此是客观存在着的。

在压力的相关研究中，张淑敏（2012年）认为一种刺激是否为一种压力源，除了它本身的属性，还依赖于受试者对该刺激的认知、评价、态度和适应等个性因素。根据其自身特点，可将其划分为两种类型：一是身体性压力源，二是心理社会性压力源。身体性压力源是指能够直接引起身体压力的刺

---

[1] 严军锋. 教师压力研究现状综述［C］. 中国体育科学学会运动心理学专业委员会、中国心理学会体育运动心理学专业委员会. 第8届全国运动心理学学术会议论文汇编：中国体育科学学会运动心理学分会，2006：357-362.

[2] 黄依林，刘海燕. 教师职业压力研究综述［J］. 教育探索，2006（6）：111-113.

[3] 徐富明，申继亮，朱从书. 教师职业压力与应对策略的研究［J］. 中小学管理，2002（10）：16-17.

激,也是目前生物医学研究的热点;心理社会性压力源是引起心理应激反应的一种诱发因素,它是临床心理学和社会心理学最为关注的一种刺激。[1]

国外研究者布朗斯坦(1981年)把压力源划分为四类:身体上的、社会上的、文化上的和心理上的。[2]躯体性压力源主要是指那些对人的肉体产生直接刺激效果的刺激物,其中包括了各种生物和化学刺激物,它们不仅会导致生理上出现压力反应,还会间接地导致心理上出现压力反应。社会性压力源是指能够导致人们生活方式发生改变,并需要对其进行调整和处理的社会生活环境和事件,其中包含了重大的社会变故、日常生活的改变以及日常生活中的琐事等。文化压力源是由不同民族的文化特性,如语言、习俗、宗教等,引起的文化冲突、文化适应等。心理应激源的产生有动机或心理冲突、挫折感、人际关系的不和谐等。

综上所述,可以将压力源定义为一种可以导致机体内外平衡失衡的刺激。它一旦被感知和输入,就会引起个体的主观评价,从而导致个体的生理、心理和行为发生变化。

(二)工作压力源

1. 工作压力源的概念

工作应激是应激研究的重要内容之一,工作应激源或职业应激源主要是指劳动者在具体工作情境中所面临的各种刺激因素,这些刺激因素会对劳动者的心理和生理稳态产生影响,进而对其工作表现和身心健康造成不良影响。对压力问题的研究,由于各个学科之间存在不同,其侧重点和视角也不尽相同。

Weiss(1976年)认为工作组织中的应激源主要有:工作本身的因素,也就是工作过多或过少或过于复杂,面临任务的最后期限,做出重要决定,

---

[1] 张淑敏. 积极组织行为学视角下的双重应激管理模式 [J]. 心理科学进展, 2012, 20 (12): 2061–2068.

[2] BRAUNSTAIN J J, TOISTER R P. Medical Applications of the Behavioral Sciences [M]. London: Year Book Medical Pub. Inc, 1981.

以及工作改变和失误所造成的影响[①]。在组织中的角色因素，指的是角色模糊、角色冲突，以及对人或对事所承担的责任。工作发展因素，指的是提升过快或升迁过慢、社会地位低下、缺少无工作安全保障及信心受到阻碍等。组织结构与组织风格因素，指的是在决策中缺乏参与，领导者对工作的约束过多等。组织中的人际关系因素，也就是与领导、同事关系不和谐，往往得不到工作上的支持。

Ivancevich和Matteson（1989年）从组织角度将工作压力源划分成4个层次：①组织内部层次。实体环境给人的感受，比如灯光是否充足、是否有噪声、通风是否良好及温度是否给人舒适的感觉等。②个体层次，如工作需求、角色压力、事业发展、人际关系负担等；③组织层次，如组织氛围、技术、管理风格、控制体系、组织设计、工作设计、工作特点等；④组织外部层次，其主要包括家庭关系是否和睦、经济上是否有困难、种族与阶级的困难等。[②]

Cartwright和Cooper（1997年）从个人角度将工作上的压力来源分为6个类别：①工作的本质，如不好的物质条件、工作负荷过重、时间压力、生活责任。②组织中的角色，如角色模糊、角色冲突、工作角色印象、权限冲突。③生涯发展，如过度晋升、晋升不足、缺乏工作安全、野心受阻。④工作中的人际关系，如与老板、下属或同事的关系不好、在委派责任上感到困难。⑤组织结构和气候，如较少的决策制定模式、行为限制（如预算）、公司政策、缺乏有效率的咨询。⑥家庭/工作之间相互作用，如家庭问题、双薪婚姻、生活危机。[③]

2. 中小学教师职业的压力源

很多学者选择教师工作压力来源作为主要目标展开研究，以Kyriacau

---

①WEISS M. Effects of Work Stress and Social Support on Information Systems Managers［J］. Mis Quarterly，1983，7（1）：29-43.

②WILHELM P G，MATTESON M T，IVANCEVICH J M. Controlling Work Stress：Effective Human Resource and Management Strategies［J］. Academy of Management Review，1989，14（3）：460.

③CARTWRIGHT S，COOPER C L. Managing Workplace Stress［M］. Sage Publications，Inc. 1997.

（1987年）为代表的学者认为，在教师的压力源中，时间和工资是最重要的两个方面。[1]此外，许多教师都要花费大量的精力来维持教学秩序，他们的社会地位与职业要求不相匹配，且工作环境一直比较恶劣。研究指出，受到传统教学文化的影响，很多教师会对自己有较高的期望值。然而，因为自身的教学能力和个人性格尚不成熟，他们的教学质量不能满足自己的预期目标，所以会产生焦虑。崔岐恩和钞秋玲等人（2011年）把压力源划分为工作与教学的保障、工作的乐趣和人际关系等。经过调查，中小学教师如果长期承受着高强度的压力，会逐渐产生职业倦怠。[2]

国内许多学者都对中小学教师的工作压力源进行过研究，如石林（2005年）认为中小学教师压力源来自学校管理、教育和教学改革、职业发展、学生、工作特性、家庭和社会以及身心特征这八个方面。[3]学者刘启珍（2008年）通过调查发现，难以满足职业发展需求、教学负担重以及多角色冲突，是中小学教师工作压力的主要来源。[4]李琼、张国礼、周钧（2011年）认为中小学教师工作压力源有五个方面，即由工作负荷、学生学业、社会及学校评价、专业发展及学生问题带来的压力。[5]何兰芝（2011年）从学校教育角度提出了升学压力、学生成绩提升压力、教学改革压力及职称压力等，这些都对教师产生心理压力。[6]董薇（2016年）从社会因素方面考虑当前社会对教师职业的认知误区，对教师要求过高和学生难管理的问题，让教师左右为

---

[1] KYRIACOU, CHRIS. Teacher stress and burnout: an international review [J]. Educational Research, 1987, 29（2）: 146–152.

[2] 崔岐恩，钞秋玲，张晓霞，等.中小学教师工作压力及职业枯竭状况调查 [J].中国公共卫生，2011，27（2）: 245–246.

[3] 石林，程俊玲，邓从真，等.中小学教师工作压力问卷的编制 [J].教育理论与实践，2005（20）: 37–39.

[4] 刘启珍.现阶段我国中小学教师的心理压力分析 [J].湖北大学学报（哲学社会科学版），1998（4）: 101–103.

[5] 李琼，张国礼，周钧.中小学教师的职业压力源研究 [J].心理发展与教育，2011，27（1）: 97–104.

[6] 何兰芝，苏连升，王静.中小学教师职业压力与职业倦怠的关系研究 [J].沧州师范专科学校学报，2011，27（1）: 73–76.

难并增加了教师职业压力。①

从教师自身而言，其职业规划、职业发展能力、专业知识水平等方面若不能提高，则会给其教学带来压力。当然，老师并不只是老师，他们也有家庭，他们的工作离不开家人的支持，所以，家庭和工作之间的冲突也会成为一部分压力。总的来说，教师的工作压力主要来自组织、工作等方面的压力，以及工作之外的社会、个人等因素，它们共同组成了教师的工作压力源。

三、应激反应与工作应激反应

（一）应激反应

在压力因素的作用下，个体会对自己、对所处环境、对所从事的工作作出判断。个体对外界环境的认知会对其情感产生影响，也就是行为回应。如果个体对应激源作出积极的评价，保持着积极的状态，那么个体就能产生饱满的情感和热情，对自己充满信心和希望，可利用身体的积极应激反应去应对工作压力。当个体对应激源作出负面的评价时，就会产生一系列负面的认知和行为反应。比如在认知反应上，可能会表现为精神紧张、注意力不集中、思维中断、记忆力下降、对外界过于敏感以及难以做出决策等。在行为反应上，具体表现为焦虑、抑郁、烦躁、易怒、脾气暴躁，甚至会影响与身边人的正常交往。

（二）工作应激反应

在工作应激反应方面，Kahn（1990年）提出了"工作投入"概念，将其定义为员工个体与工作特色相结合的自我控制。②它分为生理、认知、情绪反应三个维度。生理投入指的是个体在执行工作任务时，可以维持生理上的高度投入；认知投入指的是个体可以维持认知上的高度活跃及觉醒状态，并能清楚地意识到自己在特定工作情境中的角色和使命；情感融入是指个人与

---

①董薇，赵玉芳，彭杜宏.小学教师的职业倦怠与职业压力［J］.高校保健医学研究与实践，2006，3（3）：18-21.

②KAHN W A. Psychological Conditions of Personal Engagement and Disengagement at Work［J］. The Academy of Management Journal，1990，33（4）：692-724.

他人的关系以及感受他人的情绪和感受。三者之间存在着相互独立的关系，个体在生理上可以维持较高的参与程度，而在认知、情感上则可以维持较低的参与程度。个体在工作过程中存在着三种因素，当其面临压力时，三种因素均会发生不同程度的压力反应。

四、压力理论模型的相关研究

（一）压力的理论模型

1. 个体—环境匹配理论

"个体—环境匹配"理论认为，外部环境因素和个人因素是相互联系的，个体的特点和工作环境的不匹配导致压力开始出现，只有当二者匹配时，个体才能很好地适应，而这种匹配可以是以个体的知觉为指标的主观匹配，也可以是以他人的报告和人事档案等作为指标的客观匹配[1]。

2. 工作要求—资源模型（JD—R模式）

JD—R模式将员工的工作特性分为需求特性和资源特性两大类。工作要求是在工作过程中与生理、社会和组织相关的要素。它是一种精神和肉体的双重消耗，要求人们不断地付出体力和精神的努力，主要包括工作负荷、角色冲突、情绪需求等。工作资源是一种能给人以支持与协助的工作要素，它包括社会支持、工作自主权、报酬与绩效反馈等。它可以促进个体的成长、学习与发展，有助于个体达到工作目标，减轻工作需求及与之相关的身体与精神上的损耗[2]。

JD—R模式从一开始的工作倦怠，扩展到工作承诺、心血管疾病、工作满意度等生理与心理健康指标。其研究假说有：第一，激励与压力感觉的产生与发展，两个基本的心理过程对激励与压力感觉的产生与发展有重要影响。第一个过程是连续的工作需求引起个体的生理和心理资源被消耗，导致

---

[1] FRENCH J R P, CAPLAN R D, VAN HARRISON R. The mechanisms of job stress and strain [M]. New York: Wiley, 1982.

[2] DEMEROUTI E, BAKKER A B, NACHREINER F, SCHAUFELI W B. The job demands-resources model of burnout [J]. Journal of Applied Psychology, 2001, 86（3）: 499–512.

个体出现焦虑、精力耗尽、健康受损等问题，进而导致低绩效、高离职率等不良组织后果。第二个过程是关于激励的，假定工作资源中蕴含着激励的潜力，能够提高员工的工作投入程度，降低员工的人际冷漠，进而提高员工的绩效，降低离职率。第二，工作要求与工作资源也有互动关系。在工作需求的冲击下，工作资源能有效地缓解工作压力。同时，在工作需求很大的情况下，工作资源也会对员工的工作热情起到一定的作用，从而给企业带来有利的成果。JD—R模式将个体的成长、激励、健康等因素有机地结合起来，使心理在积极与消极两方面的关系更加密切。

3. 工作需求—控制—支持模型（JDCS模型）

Karasek于20世纪80年代提出了"工作需求—控制—支持"理论。工作需求指员工在工作情境下，完成工作的难度和数量的因素，即工作负荷、工作时间紧张度、角色冲突等，即压力的来源。[①]工作控制是一个人在工作中发挥作用的重要指标。工作压力的大小，并不只受一个因素的作用，而是由两个因素的交互作用所决定。后来，Karasek将社会支持作为员工应对高工作压力并缓解高工作压力所带来的消极影响的重要资源，他将其加入模型中，形成了工作需求—控制—支持模型。在JDCS模型中，高应激工作是指易引起精神应激和生理疾患的工作，它要求高、控制低、支持少。反之，一份要求高、有控制力、有支援的工作，可以促进学习，激励提高技能。要想消除高需求对生理、心理的消极影响，就必须要有社会支持。

4. 认知交互作用理论

基于认知交互理论，应激发生于人与环境的相互作用中，且该过程受人的认知评估所调控。例如，在晋升这个问题上，有些人会因为得到了提升而欣喜若狂，有些人则会因为要担负更多的责任，承受更多的工作压力而忧心忡忡。

根据Lazarus和Folkman的理论，认知评估分为初级评估和二级评估。[②]初

[①] KARASEK R A. Job decision latitude, job demands and mental strain: Implications for job redesign [J]. Administrative Science Quarterly, 1979, 24（2）: 285-308.

[②] LAZARUS R S, FOLKMAN S. Stress, appraisal, and coping [M]. New York: Springer Publishing Company, 1984.

级评估的结果可分为三类：有用型、不重要型和应激型。压力评估分为三种情形：一是伤害性评估，即已发生的损伤；二是危害性评估，即对未来可能出现的危险做出的判断；三是具有挑战性的评估，即对某些事件的评估，比如，对某些事件而言，具有较高重要性但较少可控的事件往往被评估为一种威胁，而对一些具有较高控制性的事件则更可能被评估为具有挑战性。

二级评估确定了应对应激和应激所造成的损害的方法。在二级评估中，个体可以识别并评估自己的应对资源（比如自我效能）、情境变量（比如工作控制）及应对风格（比如自己对相似事件的态度）。"次级"这一术语并不表示次级评估是无关紧要的，也不表示主、次评估是相互独立的、有序的，因为个体对应激的响应是一种复杂的、动态的。

（二）教师工作压力理论模型

1. 柯礼柯夫和苏利夫的教师职业压力理论模式

教师职业压力模型是由柯礼柯夫和苏利夫首先提出的。[①]其核心思想是，身体和心理上的潜在应激通过自我评价而表现出来。为了规避或缓解这些潜在的应激，教师可以采用一种"适应性"的方式来应对。如果持续不断的应激，将会给教师带来身体和精神上的疲劳或情感上的枯竭（如图3-1所示）。

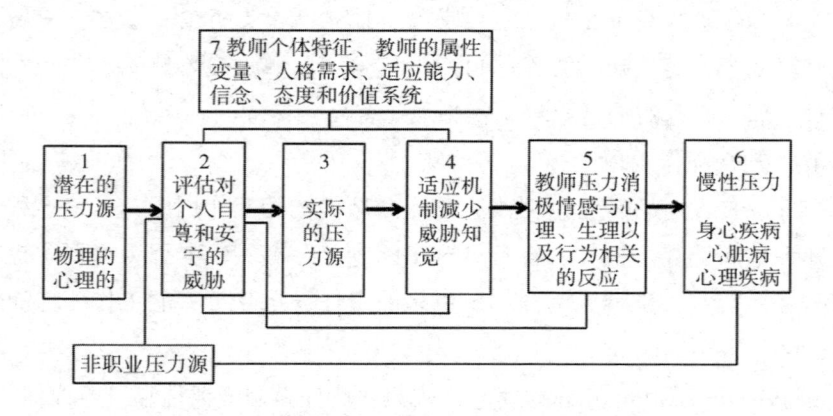

图3-1 柯礼柯夫和苏利夫教师职业压力模式理论

（图片来源：　　　）

[①] KYRIACOU, C, SUTC J. Teacher stress and satisfaction [J]. Educational Research, 1979, 21 (2): 89-96.

研究人员将物理应激与心理应激作了明显的区别，如工作时间太长是物理应激源，不良的人际关系是心理应激源。这一模型将教师工作中的客观性要素作为一种潜在的压力源，并将其通过初次评估的认知过程转换为现实的压力源。而真正的压力来源，就是教师所感知到的，会促使个体产生压力体验。适当的适应性机制有助于教师个体应对应激，减轻应激状态下的威胁感。但是，如果没有合适的适应机制，就很容易引起人们在心理和行为上产生负面反应。

2. 布伦纳的教师职业压力理论模式

在布伦纳的模型中，应激被看作一种有关的概念，它描述了从刺激到响应的全过程。[①]教师的人格特质、应对机制、评价机制和非工作应激源等都是影响刺激响应的重要因素。在这些因素中，教师的个人特质对学生真实的应激源是否累积形成普遍的应激状态有很大的影响（如图3-2所示）。

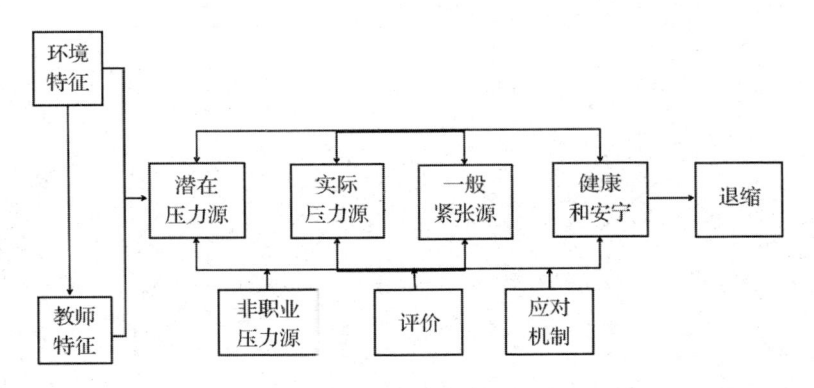

图3-2 布伦纳教师职业压力模式理论

与苏利夫和布伦纳的模型相比，布伦纳的模型最大的不同是，布伦纳的模型中加入了一般紧张度和环境特性这两个要素。这一理论的核心是：现实的应激源会使教师的生理和心理负担过载，也就是普遍的应激程度，普遍的紧张程度又会进而引起教师的心理不安。而环境特征则会产生压力，教师的

[①]TELLENBACK S，BRENNER S，LOFGREN H. Teacher stress：Exploratory model building [J]. Journal of Occupational Psychology，1983，56（1）：19-33.

个人特点和所选择的学校所处的环境特点都不一样，因此，教师所承受的工作压力也有很大差别。

3. 迪克和魏格纳的教师职业压力理论模式

这一理论模型认为，教师工作中存在着一种潜在的压力源。研究者清楚地将教师遭受压力所产生的紧张原因分为两种，一是因为班级里的学生过多而产生的物理上的紧张，二是精神上的紧张，比如与同事之间的关系而产生的紧张，借由判断某人是否会对自身造成威胁，将潜在的紧张转变成现实的紧张。教师适应性机制能够有效地应对现实应激对教师的身体、心理、行为等方面的影响，有助于教师有效地应对应激环境，降低应激状态下的威胁感。在不恰当的调适机制下，教师的生理、心理、行为都会受到一定的影响。该模型将教师应激视为由不良心理、生理和行为引起的生理和心理改变及慢性疾病（如冠心病）等症状。在教师面对外部威胁的过程中，教师的人格特质（如价值观、态度等）对压力的形成也有一定的影响（如图3-3所示）。

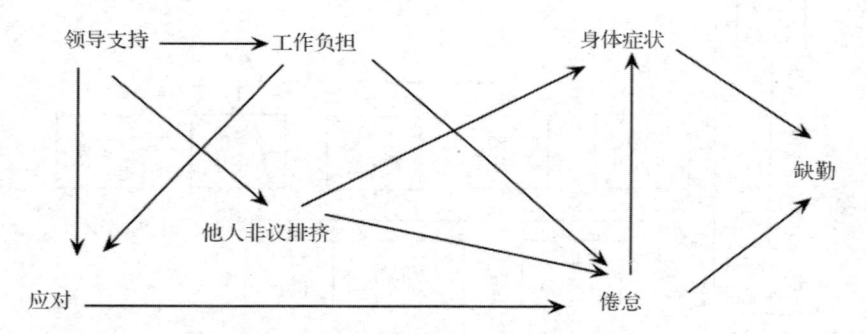

图3-3 迪克和魏格纳教师职业压力理论模式

迪克和魏格纳（2001年）在研究中增加了倦怠及一些新的变量。[1]例如，研究者将应对策略加入压力模式中，发现应对策略作为工作负荷和倦怠之间起到了调节作用，将应对策略作用工作负担和倦怠之间的调节变量，并且使用适应性应对策略的教师在倦怠程度上要低于使用忽略或避免问题情景应对策略的

---

[1] DICK R，WAGNER U. Stress and strain in teaching，A structural equation approach [J]. The British Journal of Occupational Psychology，2001，71（2）：243-259.

教师。该研究将倦怠作为压力源（工作负荷、被人指责、被人排斥）与躯体症状的调节变量，结果表明，随着压力的增加，教师不仅会呈现更多的疲倦症状，而且会呈现更多的躯体症状，这二者都会导致更多的缺勤行为。

五、教师工作压力的测量

（一）教师工作压力的测量方法

对教师工作压力的调查主要有质与量两种方法。定性研究方法指的是利用调查或案例来展开研究，而定量研究法指的是利用问卷调查来展开研究。当前使用最多的研究方法是定量研究法。目前使用最多的工作压力测量工具包括：苏联的工作压力表、英国的教师工作压力和工作满意度问卷、美国南佛罗里达大学的工作压力问卷。近几年，工作应激已成为国际社会关注的热点，国内众多专家学者对工作应激进行了深入的研究，而我国教师工作压力量表正是借鉴了国外的工作压力量表，并针对中国教师工作的特点，根据自身的研究思路与目的编制而成。

（二）教师工作压力测量工具

常见的测量工具有国外学者Cichon和Koff编制的"教学事件应激量表"，[1]编制的"教育—职业应激因子量表"。[2]国内研究者如朱从书等人于2002年编制了中小学教师职业压力问卷；[3]2005年，由董妍、江照富等人编制而成的教师职业压力问卷，分为社会压力、学校压力和个人压力三个因素；[4]2005年，石林、程俊玲等人编制了中小学教师工作压力问

---

[1] CICHON, D J, KOFF, R H. The teaching events stress inventory [C]. Paper presented at the meeting of the American Educational Research Association, Toronto, Canada, 1978.

[2] CLARK E H. An analysis of occupational stress factors as perceived by public school teachers [D]. Unpublished doctoral dissertation. Auburn University, 1981: 118-124.

[3] 朱从书, 申继亮, 刘加霞. 中小学教师职业压力源研究 [J]. 现代中小学教育, 2002（3）: 50-54.

[4] 董妍, 江照富, 俞国良. 职业技术学校教师的职业压力、应对方式与社会支持调查 [J]. 中国临床心理学杂志, 2005, 13（1）: 60-61.

卷;[①]2021年,席居哲、于慧珠等人编制了教师压力问卷。[②]上述调查问卷通常包括两部分内容,即压力源和压力反应,其中"压力源"是对教师职业应激来源的测验,"应激反应"是对教师职业应激行为表现的测验。本研究采用石林等人编制的中小学教师工作压力问卷的工作压力源分量表,其包括8个维度,分别是教育教学改革、学生问题、学校管理问题、工作特征、职业发展问题、身心特征、家庭问题和社会问题。

第二节 中小学教师工作压力的发展特点

一、调查对象与研究工具

(一)调查对象

本研究采用方便取样的方法调查了辽宁省和吉林省5所中小学校的教师,共有616名教师参与了问卷调查,删除无效问卷46份,最终获得有效问卷570份,有效回收率为92.53%。被调查教师的具体情况如下:其中男教师148人,女教师422人;年龄在20~30岁120人,31~40岁153人,41~50岁163人,51~60岁134人;教龄在1~3年105人,4~6年65人,7~18年121人,19~30年183人,30年以上96人;职称为二级以下65人,二级135人,一级214人,副高级154人,正高级2人;所教科目为语数外261人,物理化学60人,史地生政100人,音体美劳计社会149人;担任班主任137人,非班主任433人;小学教师164人,初中教师208人,高中教师198人;重点学校229人,非重点学校341人。

(二)研究工具

本研究采用《中小学教师工作压力问卷》。该量表由石林等人(2005

[①]石林,程俊玲,邓从真,等.中小学教师工作压力问卷的编制[J].教育理论与实践,2005(20):37–39.

[②]席居哲,于慧珠,黄白金,等.教师压力问卷的编制:兼顾普教与特教教师[J].上海教师,2021(2):118–127.

年）编制而成，[①]分为8个维度，包括教育教学改革、学生、学校管理、工作特征、职业发展、身心特征、家庭、社会。共计36个题目。采用Likert 5级评价方法，"1"代表"没有压力"，"2"代表"压力较小"，"3"代表"压力中等"，"4"代表"压力较大"，"5"代表"压力很大"。得分越高说明受访对象的工作压力越大。关于《中小学教师工作压力问卷》信度检验，本研究采用克伦巴赫系数检验，本次测量中小学教师工作压力问卷的Cronbach's α=0.968。

（三）数据处理

本研究采用SPSS26.0对数据进行统计处理，运用独立样本t检验和单因素方差分析。

二、中小学教师工作压力的人口统计学差异分析

在对中小学教师工作压力与心理健康现状进行调查研究的基础上，运用独立样本t检验与单因素方差分析等方法，对我国中小学教师的人口学变量进行差异性对比，以确定人口学变量与教师工作压力之间的关系，并进一步对后续的与回归分析相关的结果进行验证。研究结果表明，就工作压力而言，学历只对工作压力中的职业发展和社会问题两个维度有显著性差异，而在其他维度则无显著性差异。其他变量对工作压力的各个维度都有一定的影响。

（一）中小学教师工作压力在性别上的差异比较

在被调查样本中，男教师148人，占25.96%，女教师422人，占74.04%。鉴于样本的性别特征，本研究采用独立样本t检验来检验性别差异对中小学教师工作压力的影响。具体结果见表3-1。

[①] 石林，程俊玲，邓从真，等.中小学教师工作压力问卷的编制［J］.教育理论与实践，2005（20）：37-39.

表3-1　中小学教师工作压力在性别上的差异比较（$n=570$）

因子	男（$n=148$） （M ± SD）	女（$n=422$） （M ± SD）	t	p
教育教学改革	5.210 ± 1.918	5.924 ± 1.897	−3.932	.000
学生	16.223 ± 6.090	18.374 ± 5.307	−4.080	.000
学校管理	21.020 ± 6.981	23.936 ± 6.589	−4.561	.000
工作特征	16.196 ± 5.099	17.927 ± 5.207	−3.498	.001
职业发展	10.013 ± 3.679	10.602 ± 3.405	−1.771	.077
身心特征	10.493 ± 4.048	11.429 ± 3.637	−2.614	.009
家庭	5.439 ± 2.307	5.751 ± 2.208	−1.462	.144
社会	11.595 ± 4.532	12.230 ± 3.822	−1.525	.129
总体压力	96.190 ± 30.764	106.170 ± 26.859	−3.743	.000

从表3-1统计分析的结果中可以看出，在教育教学改革、学生、学校管理、工作特征和身心特征这些压力源方面，中小学教师在性别上存在显著差异。从均分上看，女教师总体压力均分要比男教师高，说明女性教师在这些压力源上感受到的压力比男性教师要得大，这可能是女性教师本身的特质所致，女性教师在情绪的感知方面比男性教师更加敏感，对于周围环境所带来的威胁感知度更高。

（二）中小学教师工作压力在学校类别上的差异比较

职业压力在教育教学改革层面，非重点学校教师平均得分高于重点学校教师；在学生、学校管理、工作特征、职业发展、身心特征、家庭、社会和总体压力上，非重点学校教师平均得分高于重点学校教师。具体结果见表3-2。

表3-2　中小学教师工作压力在学校类别上的差异比较（$n=570$）

因子	重点（$n=229$） （M ± SD）	非重点（$n=341$） （M ± SD）	t	p
教育教学改革	5.572 ± 1.762	5.850 ± 2.024	−1.694	.091
学生	17.118 ± 5.321	18.285 ± 5.733	−2.451	.015
学校管理	22.009 ± 6.586	23.965 ± 6.581	−3.394	.001

续表

因子	重点（n=229）(M±SD)	非重点（n=341）(M±SD)	t	p
工作特征	16.673 ± 4.969	18.018 ± 5.337	−3.032	.003
职业发展	9.943 ± 3.192	10.789 ± 3.634	−2.858	.004
身心特征	10.681 ± 3.455	11.525 ± 3.931	−2.635	.009
家庭	5.314 ± 2.019	5.909 ± 2.344	−3.136	.002
社会	11.550 ± 3.548	12.411 ± 4.285	−2.608	.009
总体压力	98.860 ± 25.719	106.750 ± 29.427	−3.299	.001

从表3-2统计分析的结果看，在学校管理、工作特征、职业发展、身心特征、家庭、社会层面和总体压力方面，非重点学校教师与重点学校教师在0.01水平上存在显著差异；在学生层面上，非重点学校教师与重点学校教师在0.05水平上存在显著差异，非重点学校教师的压力感受更为强烈。这可能因为非重点学校教师对于应对学生问题方面没有很好的应对策略，且非重点学校的学生相比重点学校的学生缺乏自制力、自觉性。因此，非重点学校教师面对学生也就会感到更大的压力。

（三）中小学教师工作压力在是否担任班主任上的差异比较

在教育教学改革、学生、学校管理、工作特征、身心特征、家庭、社会层面和总体压力上，班主任教师的平均得分高于非班主任教师；在职业发展层面，非班主任教师的平均得分高于班主任教师。具体结果见表3-3。

表3-3　中小学教师工作压力在是否担任班主任上的差异比较（n=570）

因子	是（n=137）(M±SD)	否（n=433）(M±SD)	t	p
教育教学改革	5.825 ± 1.815	5.711 ± 1.962	0.601	.548
学生问题	18.883 ± 5.452	17.478 ± 5.604	2.574	.010
学校管理	23.818 ± 6.435	22.977 ± 6.916	1.260	.208
工作特征	18.796 ± 4.959	17.060 ± 5.249	3.417	.001
职业发展	10.219 ± 3.704	10.522 ± 3.414	−0.887	.376

续表

因子	是（$n=137$） （M ± SD）	否（$n=433$） （M ± SD）	t	p
身心特征	11.854 ± 3.774	10.975 ± 3.744	2.392	.017
家庭问题	6.102 ± 2.257	5.534 ± 2.215	2.607	.009
社会问题	12.867 ± 3.892	11.811 ± 4.036	2.697	.007
总体压力	108.360 ± 26.865	102.070 ± 28.524	2.284	.023

从表3-3统计分析的结果中可以得出，在工作特征、家庭和社会层面，非班主任教师与班主任教师在0.01水平存在显著差异；在学生、身心特征层面和压力总分上，非班主任教师与班主任教师在0.05水平上存在显著差异，班主任教师的压力感受更为强烈。

（四）中小学教师工作压力在年龄上的差异比较

对中小学教师的年龄进行单因素方差分析发现，除了学生、身心特征和家庭层面（$F=1.629$，$F=2.388$，$F=1.521$，$p>0.05$），工作压力在其他五个维度在年龄上均有统计学意义。就平均数比较而言，年龄在31～40岁这个阶段的教师感受到的工作压力最大，其次是年龄在20～30岁的教师，然后是51～60岁的教师，详见表3-4。方差分析结果表明，在学校管理层面，41～50岁的教师感受到的压力显著高于51～60岁的教师；在工作特征、职业发展、社会层面和总体压力上，20～30岁、31～40岁和41～50岁的教师感受到的压力显著高于51～60岁的教师。这可能因为20～30岁的教师，正处于事业发展的初步阶段，对于未来的工作环境还不够熟悉，处于懵懂阶段，所以会感知到来自工作更多的压力。而31～40岁及41～50岁的教师在工作一段时间后，逐渐随经验的积累承担更多的学校与班级日常管理工作，所以压力会比较大。而在51～60岁这一阶段的教师，由于年龄较大，在工作上有了倦怠的心理，常在管理工作上显得力不从心。

（五）中小学教师工作压力在教龄上的差异比较

中小学教师工作压力在教龄上的差异分析结果见表3-5，结果发现，除工作特征在教龄上不存在显著差异（$F=2.245$，$p>0.05$）外，教龄在工作压力其他七个维度上均具有统计学意义。通过事后检验发现，7~18年教龄的教师感受到的教育教学改革压力显著高于30年以上教龄的教师；7~18年教龄的教师感受到的学生压力显著高于1~3年、4~6年和30年以上教龄的教师；7~18年教龄的教师感受到的学校管理压力显著高于4~6年和30年以上教龄的教师；1~3年教龄的教师感受到的职业发展压力显著高于19~30年教龄的教师；1~3年教龄的教师与4~6年教龄的教师感受到的职业发展压力显著高于30年以上教龄的教师；7~18年教龄教师感受到的职业发展压力显著高于4~6年、19~30年和30年以上教龄的教师；7~18年教龄的教师感受到的身心压力显著高于1~3年、4~6年、19~30年和30年以上教龄的教师；7~18年教龄的教师感受到的家庭压力显著高于1~3年、19~30年和30年以上教龄的教师；7~18年教龄的教师感受到的社会压力显著高于1~3年、4~6年、19~30年和30年以上教龄的教师；7~18年教龄的教师感受到的总体压力显著高于1~3年、4~6年、19~30年和30年以上教龄的教师。

　　出现以上结果的原因有很多，对于教龄在1~3年和4~6年的教师而言，新教师要面对全新的教学环境，其包括对教学方式、教学风格等方面的调整，这是一个不断适应和不断探索的过程。此外，对于新教师来说，购房、购车等经济压力也会给他们带来比较大的压迫感。而对于教龄在7~18年的教师，他们正处在职业生涯的上升期，对周围同事的职称评比、领导岗位竞争等有较强的意识，会有较大的压力和不安全感。而对于教龄在19—30年的教师而言，在事业发展中，他们并不具备比年轻一代更强大的学习动力和竞争能力，而且他们中的大多数人还面临着上有老、下有小的家庭经济压力，这也会让他们产生一定的工作压力和消极情绪。对于30年以上教龄的教师，大多数人在事业上都已经达到了自己的顶峰，他们已经拥有了属于自己的教学方式，无论是对学生的教育还是对学校的管理、对班级的日常事务管理，他们都能做到游刃有余。除此之外，对于教龄超过30年的老教师来说，他们对职称评比、业务考核、教学评价等职业发展已经有了较好的认识与心态。

表3-4 中小学教师工作压力在年龄上的差异比较（n=570）

因子	20~30岁（n=120）(M±SD)	31~40岁（n=153）(M±SD)	41~50岁（n=163）(M±SD)	51~60岁（n=134）(M±SD)	F	LSD
教育教学改革	5.692 ± 1.494	5.856 ± 1.917	5.982 ± 1.955	5.351 ± 2.188	2.917*	
学生	17.883 ± 5.111	17.582 ± 5.925	18.534 ± 5.485	17.149 ± 5.716	1.629	
学校管理	23.700 ± 6.249	23.327 ± 6.693	24.000 ± 6.293	21.545 ± 7.753	3.673*	3>4
工作特征	17.833 ± 4.843	17.752 ± 5.282	18.166 ± 4.817	16.008 ± 5.738	4.894**	1, 2, 3>4
职业发展	11.075 ± 3.311	10.961 ± 3.679	10.399 ± 3.325	9.366 ± 3.371	6.930***	1, 2, 3>4
身心特征	11.283 ± 3.221	11.333 ± 4.030	11.577 ± 3.900	10.455 ± 3.684	2.388	
家庭	5.567 ± 2.442	5.856 ± 2.288	5.822 ± 2.099	5.366 ± 2.133	1.521	
社会	12.283 ± 4.452	12.438 ± 3.862	12.417 ± 3.758	11.015 ± 3.979	4.078**	1, 2, 3>4
总体压力	105.320 ± 25.600	105.100 ± 29.771	96.250 ± 29.500	103.580 ± 28.240	4.122**	1, 2, 3>4

注：*表示P<0.05，**表示P<0.01，***表示P<0.001；1=20~30岁，2=31~40岁，3=41~50岁，4=51~60。

表 3-5 中小学教师工作压力在教龄上的差异比较（n=570）

因子	1~3年 (n=105) (M±SD)	4~6年 (n=65) (M±SD)	7~18年 (n=121) (M±SD)	19~30年 (n=183) (M±SD)	30年以上 (n=96) (M±SD)	F	LSD
教育教学改革	5.686±1.443	5.462±1.921	6.182±1.826	5.765±2.071	5.375±2.144	2.857*	3>5
学生	17.419±4.833	16.692±6.187	19.008±5.751	17.967±5.415	17.219±5.914	2.494*	3>1, 2, 5
学校管理	23.705±6.295	21.985±6.608	24.529±6.491	23.022±6.576	22.010±7.981	2.607*	3>2, 5
工作特征	17.524±4.576	17.354±5.375	18.521±5.249	17.361±5.082	16.417±5.881	2.245	
职业发展	10.848±3.299	10.508±3.589	11.554±3.573	10.027±3.319	9.385±3.419	6.539***	3>2, 4, 5, 1>4 1, 2>5
身心特征	11.095±3.167	10.892±3.869	12.182±4.060	10.973±3.722	10.635±3.850	2.927*	3>1, 2, 4, 5
家庭	5.257±2.329	5.862±2.461	6.347±2.257	5.492±2.027	5.479±2.176	4.352**	3>1, 4, 5
社会	12.010±4.230	11.862±4.426	13.388±3.716	11.798±3.691	11.104±4.164	5.026**	3>1, 2, 4, 5
总体压力	103.540±25.557	100.620±29.348	111.710±28.551	102.400±27.131	97.630±30.212	3.912**	3>1, 2, 4, 5

注：*表示P<0.05，**表示P<0.01，***表示P<0.001；1=1~3年，2=4~6年，3=7~18年，4=19~30年，5=30年以上。

（六）中小学教师工作压力在职称上的差异比较

中小学教师工作压力在职称上的差异从表3-6中可以看出，在教育教学改革、学生、职业发展、家庭、社会层面及总体压力上，不同职称的教师在工作压力各维度上具有显著差异。通过事后检验发现，在教育教学改革方面，职称在一级的教师感受到的压力显著高于职称在二级以下、副高级和正高级的教师；职称在二级以下、二级和副高级的教师感受到的压力显著高于职称在正高级的教师；在学生层面，职称在一级的教师感受到的压力显著高于职称在二级以下的教师；在职业发展方面，职称在二级以下、二级和一级职称的教师感受到的压力显著高于职称在副高级的教师；在家庭层面，职称在二级、一级和副高级的教师感受到的压力显著高于职称在二级以下的教师；在社会层面，职称在一级的教师感受到的压力显著高于职称在二级以下的教师，而职称在二级和一级的教师感受到的压力显著高于职称在副高级的教师；在总体的压力上，职称在一级的教师感受到的压力显著高于职称在二级以下和副高级的教师。

（七）中小学教师工作压力在学段上的差异比较

中小学教师工作压力在学段上的差异从表3-7中可以看出，工作压力的教育教学改革和身心特征维度在中小学教师所教学段上不存在显著差异（$F=1.300$，$F=2.557$，$P>0.05$），学段在工作压力其他6个维度上存在显著差异，具体见表3-7。

方差分析结果表明，在学生、学校管理、职业发展、社会层面和总体压力上，初中教师感受到的压力显著高于小学和高中教师；在家庭层面，初中教师感受到的压力显著大于高中教师，高中教师感受到的压力显著大于小学教师；在工作特征方面，初中教师感受到的压力显著高于高中教师。

表3-6 中小学教师工作压力在职称上的差异比较（n=570）

因子	二级以下（n=65）(M±SD)	二级（n=135）(M±SD)	一级（n=214）(M±SD)	副高级（n=154）(M±SD)	正高级（n=2）(M±SD)	F	LSD
教育教学改革	5.354±1.624	5.637±1.646	6.168±2.026	5.416±2.035	4.000±0.000	5.030**	3>1, 4, 5, 1, 2, 4>5
学生	16.400±5.673	17.459±5.260	18.640±5.852	17.546±5.382	20.500±2.121	2.572*	3>1
学校管理	23.169±6.458	22.911±6.425	24.042±6.655	22.221±7.418	23.000±2.828	1.683	
工作特征	16.939±4.496	17.978±4.983	17.785±5.331	16.825±5.570	18.500±0.707	1.288	
职业发展	10.615±3.543	10.748±3.414	10.907±3.635	9.474±3.148	11.000±2.828	4.334**	1, 2, 3>4
身心特征	10.985±4.087	11.044±3.357	11.650±4.013	10.753±3.554	11.000±7.071	1.418	
家庭	4.723±2.666	5.911±2.163	5.939±2.223	5.494±2.017	5.000±1.414	4.472**	2, 3, 4>1
社会	11.308±5.068	12.400±3.935	12.579±3.753	11.403±3.880	10.000±2.828	2.897*	3>1 2, 3>4
总体压力	99.490±28.697	104.090±26.317	107.710±29.138	99.130±27.918	103.000±18.385	2.478*	3>1, 4

注：*表示P<0.05，**表示P<0.01，***表示P<0.001；1=二级以下，2=二级，3=一级，4=副高级，5=正高级。

表3-7 中小学教师工作压力在学段上的差异比较（n=570）

因子	小学（n=164）(M±SD)	初中（n=208）(M±SD)	高中（n=198）(M±SD)	F	LSD
教育教学改革	5.787±1.937	5.865±2.088	5.566±1.729	1.300	
学生	17.433±4.948	18.952±6.154	16.939±5.304	7.256**	2>1、3
学校管理	22.988±6.237	24.380±7.145	22.076±6.728	6.004**	2>1、3
工作特征	17.409±4.940	18.178±5.595	16.798±4.992	3.583*	2>3
职业发展	9.805±3.037	11.197±3.714	10.197±3.456	8.322***	2>1、3
身心特征	11.000±3.478	11.649±4.067	10.854±3.636	2.557	
家庭	5.049±1.993	6.212±2.412	5.616±2.100	13.009***	2>3>1
社会	11.622±3.545	12.846±4.561	11.611±3.674	6.287**	2>1、3
总体压力	101.090±24.388	109.280±31.066	99.660±27.245	6.924**	2>1、3

注：*表示P<0.05，**表示P<0.01，***表示P<0.001；1=小学，2=初中，3=高中。

（八）中小学教师工作压力在所教科目上的差异比较

中小学教师工作压力在所教科目上的差异分析结果见表3-8，结果发现，教育教学改革因子在所教科目上存在显著性差异（$F=2.683$，$p<0.05$），通过事后检验发现，在教育教学改革层面，语数外和物理化学教师感受到的压力显著高于音美体劳计社会教师。学生因子在所教学科上存在显著性差异（$F=7.027$，$p<0.001$）；通过事后检验发现，在学生问题层面，语数外和物理化学教师感受到的压力显著高于音美体劳计社会教师。学校管理因子在所教学科上存在显著性差异（$F=3.205$，$p<0.05$）；通过事后检验发现，在学校管理层面，物理化学教师感受到的压力显著高于语数外和音美体劳计社会教师。工作特征因子在所教科目上存在显著性差异（$F=4.614$，$P<0.01$）；通过事后检验发现，在工作特征层面，物理化学教师感受到的压力显著高于语数外和音美体劳计社会教师。身心特征因子在所教科目上存在显著性差异（$F=3.770$，$P<0.05$）；通过事后检验发现，在身心特征层面，物理化学教师感受到的压力显著高于音美体劳计社会教师。总体压力在所教科目存在显著性差异（$F=3.999$，$P<0.01$）；通过事后检验发现，在总体压力上，物理化学教师感受到的压力显著高于语数外和音美体劳计社会教师。

这一结果可能主要是由于考试的压力造成的。因为在传统的学科中，无论是语数外，还是物理化学，都是以试卷成绩判断学生的学习效果和教师的教学成果，而音体美劳计社会等学科则以考查等形式来考核学生的学习效果和教师的教学质量，考核方式要更宽松和灵活。因为考核方式的差异，语数外教师的工作压力要比音体美劳计社会教师高。在小学阶段，学生还没有接触物理、化学这两门学科，初中阶段才开始学习，要求教师要更加耐心细致地开发学生在未知领域的学习，这就导致物理化学教师所承担的工作压力比较大。

表3-8 中小学教师工作压力在所教科目上的差异比较（n=570）

因子	语数外（n=261）(M±SD)	理化生（n=60）(M±SD)	政史地（n=100）(M±SD)	音体美劳计社会（n=149）(M±SD)	F	LSD
教育教学改革	5.935±1.879	5.900±1.884	5.630±1.745	5.403±2.102	2.683*	1, 2>4
学生	18.667±5.364	18.650±4.808	17.540±5.598	16.175±5.943	7.027***	1, 2>4
学校管理	23.586±7.132	24.917±6.104	22.013±6.562	23.179±6.808	3.205*	2>1, 4
工作特征	18.027±5.271	18.633±4.603	17.050±4.992	16.336±5.360	4.614**	2>1, 4
职业发展	10.276±3.455	11.067±3.384	10.640±3.208	10.376±3.744	0.965	
身心特征	11.533±3.859	12.000±3.070	10.860±3.333	10.470±4.016	3.770*	2>4
家庭	5.812±2.310	5.967±1.850	5.570±2.161	5.369±2.279	1.675	
社会	12.483±3.919	12.050±3.572	11.880±3.965	11.463±4.357	2.132	
总体压力	106.320±27.917	109.180±25.971	101.980±26.905	97.600±29.667	3.999**	2>1, 4

注：*表示$P<0.05$，**表示$P<0.01$，***表示$P<0.001$；1=语数外，2=物理化学理化生，3=政史地，4=音体美劳技社会。

第三节　工作压力的识别与管理

一、压力的识别与应对

（一）压力的两面性

世界上不存在完全没有压力的环境，适度的压力对工作来说是有益无害的。与心理学相关的研究表明，人在活动过程中所承受的压力与活动效率之间存在着一定的联系。如果压力太小，就不利于完成活动任务；如果压力太大，就容易引起过度的焦虑和紧张。因此，适当的压力对教师具有正面的影响，可以帮助他们挖掘自身的潜能，消除空虚和抑郁，从而提升工作效率，还有利于他们的职业发展。一个人逃避压力，他就没有了冲劲。适当的压力，不仅可以保证行动有效开展，也可以使人的长处与潜力得到充分地发挥，否则，生活将会枯燥乏味，毫无意义。因此，在适当的情况下，压力是一种非常有益的刺激，但过度的应激刺激也会给教师带来负面的影响。一个能承受的压力也是有极限的，并不是说压力越大就越有动力，如果工作中的压力超出了个人的承受范围，而得不到及时的缓解，就会引起一系列的不良反应，从而影响心理健康。

（二）教师工作压力表现

1. 持续的紧张不安

紧张和焦虑是由于没有有效地应对压力而产生的负面效应。尽管紧张和焦虑是一种应激反应，能够调动人的身体和心理的综合能力来应对各种压力情境，但是长时间处于焦虑中，也会对身体和精神造成伤害。在紧张的情况下，人会有较低的自我评价，会增加挫折感，降低工作效率。压力过大的教师，而在工作中，情绪是焦急和烦躁的，并且脾气暴躁，很容易发怒，感觉不到个人的价值。

2. 职业倦怠

工作压力最直观的表现就是它会对职业倦怠造成影响。许多研究已经证明，中小学教师的工作压力会使他们产生职业倦怠感。Freudenberger指出，职业倦怠是个体无视自己的个人需要去完成强度过高的工作任务时所导致的一种精疲力竭的状态。[1]玛诗勒等将工作倦怠的主要特点分为3个方面：①情感枯竭，即感觉自己的能量被消耗殆尽，对工作的激情被逐步地剥夺；②去人性化，即个人对访客采取消极、冷漠和麻木的态度；③个人成就感下降，即对自己的意义和价值进行评估的倾向下降。[2]教师的职业倦怠是指由于长期的工作压力而产生的一种情绪、态度、行为上的耗竭，它是当教师面对工作无法成功应对时所表现出来的一种极端的行为。这让教师对教学工作失去动力、兴趣，进而造成教师在内心深处对教书育人产生厌倦情绪，这使他们的身体和精神都变得疲惫，从而影响他们的教学水平和工作效率。徐富明的结果表明：教师的情绪耗竭和不人性化与工作压力有非常显著的正向关系。[3]在现实生活中，我们能够发现，一些教师已经失去了对自己工作的激情和兴趣，有时，他们会不顾一切地逃避自己从事的工作，对自己的工作感到非常厌倦。Dick和Wagner将倦怠视为应激源与躯体症状的调节变量，研究表明，当教师处于高强度的应激状态时，会产生更多的躯体症状，如心跳加速、疲乏无力等；而疲劳与生理症状则会引起旷工行为。[4]

（三）中小学教师工作压力的应对策略

教师职业应激对策是教师在面对应激时采取的一种特定的应对措施。专家以我国中小学教师职业压力的来源为依据，认为要解决教师的职业压力问题，不仅要有社会和学校对教师的关注，还需要教师对自身进行调节和维护。[5]

---

[1] FREUDENBERGER H J, NORTH G. Women's Burnout [M]. Garden City, New York: Doubleday, 1985.

[2] MASLACH C, SCHAUFELI W B, LEITER, M P. Job Burnout [J]. Annual Review of Psychology, 2001, 52（1），397-422.

[3] 徐富明，朱从书，黄文锋. 中小学教师的职业倦怠与工作压力、自尊和控制点的关系研究[J]. 心理学探新，2005, 25（1）：74-77.

[4] DICK R, WAGNER U. Stress and strain in teaching, A structural equation approach [J]. The British Journal of Occupational Psychology, 2001, 71（2）：243-259.

[5] 徐富明，安连义，牛芳. 中小学教师职业倦怠与职业压力应对策略研究[J]. 中国学校卫生，2004（5）：569-570.

1. 建立一个可靠的支持体系

20世纪60年代末，西方学者开始关注压力对身体和精神的影响，发现在同样的压力条件下，获得更多支持的人，有更快的恢复能力。一项美国于1997年进行的调查也表明，如果教师没有得到同事、家人和朋友的帮助，他们会感到更大的压力。当一个人感觉到压力时，可以从朋友或者同事那里得到一些安慰和支持，这样可以起到一种宣泄的效果。可见，在很多情况下，教师所面临的压力并不是他们自己能应对的。虽然解决问题的方式更有利于身心健康，但在问题无法解决时，寻求支持体系就显得尤为重要。

教师支持体系的建立需要有校方的关怀与支援。这主要体现在对教师工作环境的改善、对教师工作的支持、对教师工作的肯定等方面。在一所具有支持的积极气氛的学校中，教师可以与他人分享自己的担忧，可以从同事那里获得有效的建议或者解决压力方法的启发，而同事间的信息、情感支持也可以减轻压力，提升个人成就感。所以，应该将中小学学科教研组的支持功能发挥到最大，为教师提供彼此的信息支持、时间支持和情感支持，以减少压力，提升个人的成就感。此外，学校还可以通过举办各种文体和娱乐活动，为教师之间的情感交流提供更多的机会，让教师能够理性地宣泄自己的情感，从而及时地解决焦虑、郁闷、疑惑等负面情绪。

除学校外，社会环境中的一些措施对于减轻教师工作压力也具有积极的效果。首先，比较直接的方法就是提高教师的物质生活，从经济上肯定教师的工作，这样可以使教师的社会地位得到提升，使人们更加重视教师的工作，并对教师的工作给予承认。其次，要加强对教师的正面宣传，以树立一个良好的教师群体形象，不要一遇到问题就去批评教师，降低对教师的误会，提高大众对教师的认识；也可以设立一些类似于"教师中心"的组织，给教师们提供一个与同事交流信息和想法的地方，让他们能够自由地表达自己的想法，从而缓解自己的精神压力。

2. 正确认识教师工作压力

对于教师的工作压力，管理者重视其工作压力是应对其工作压力的重要支撑。学校管理者必须要认识到，管理不当会变成压力的一个重要来源，比如：设定不现实的目标让教师去做或没有与教师展开充分的沟通、没有对教师进行适当的表扬、总是挑教师毛病、对教师进行批评、习惯于干涉教师的工作而不让教师做自己的事情，这种管理只会伤害教师的创造力和积极性。

适度的职业压力可以帮助人们提升对职业的认知，促使其更加努力地工作，进而向更好的方向发展。首先，中小学教师要意识到适度的职业压力对自己的促进作用，并积极地处理好自己的职业压力。其次，要积极提升自己的职业素养，积极地面对应激，并掌握相应的调适方式。主动提升自己的职业素养，既能有效地完成自己的教育教学任务，又能增强自己的职业认同感。在感受到工作压力时，要冷静地描述当前的压力状况，找出压力源，并在此基础上，找出适合自己的调适方法，避免让压力干扰自己的行为与情绪。

3. 建立合理的职业期望

教师应该认识到自己职业的可行性和局限性，在提高职业素养的过程中，也应该认识到自己只是一个普通人，而不是仅仅强调自己的职业独立性和为社会输送人才的重要职责。对自己的期望值要与自己的能力水平以及所拥有的资源相匹配，要在各种价值之间找到平衡，要给自己的期望值留下一定的灵活性，要建立一个合适的志向水平，要加强自我效能感。同样，对学生的期待也是一样的，有些教师对学生的要求过于严格，在一些小事上都会与学生针锋相对，教育焦虑度太高，这样难免会让人感到疲惫。这就需要学校的管理人员能够为教师提供符合他们水平的工作，做到人与事之间的恰当搭配，让他们觉得做什么事情都是顺理成章的，既不会埋没他们的才华，还能将自己的特长发挥出来。事实上，教师的压力有时并不是因为工作量有多大，而只是因为他们觉得自己的期待和要求难以实现。

第四章 中小学教师职业倦怠现状与缓解策略

第一节 中小学教师职业倦怠的概念与表现

一、职业倦怠的概念

职业倦怠这一话题虽久犹新。自"职业倦怠"一词提出以来,它就不曾离开过学者们的研究视野,是近20年来工作压力和职业心理健康领域的研究热点之一。职业倦怠又称"工作倦怠""职业枯竭""工作衰败"等,[1]最早是由美国纽约临床心理学家费登伯格于1974年在《职业心理学》杂志上提出的。[2]伴随费登伯格独创性工作的开展,学术界日益清楚地发现职业倦怠的现象普遍存在于以人为工作对象的行业中。费登伯格首次将职业倦怠作为一个专业术语提出,用来指从事助人行业的个体在工作中面对过甚的工作要求时所产生的身体和心理的极度疲劳状态。[3]

当倦怠成为一个科学术语之后,逐渐引起了心理学界的广泛关注,研究者们开始探寻职业倦怠的本质概念。倦怠的英文为 burn-out,有扑灭烛炬之意。这就意味着当火在烧的时候,缺少燃烧的材料将导致火苗不再璀璨旺盛。这个隐喻实际上就代表了随着时间的推移,经历疲倦的员工将一点点失

---

[1] 杨秀玉,杨秀梅. 教师职业倦怠解析[J]. 外国教育研究,2002,29(2):56-60.

[2] BARBARA M. BYRNE. The Maslach Burnout Inventory: Testing for factorial validity and invariance across elementary, intermediate and secondary teachers[J]. Journal of Occupational and Organizational Psychology,1993,66(3):197-212.

[3] HERBERT J FREUDENBERGER. Staff Burn-Out[J]. Journal of Social Issues,1974,30(1):159-165.

去为工作提供较大贡献的能力。如果他们继续工作，将会堕入更深的耗竭，在工作中的可用能量会持续骤减。关于职业倦怠还没有统一的定义，不同的研究者对职业倦怠的概念有不同的理解，但研究主要是从动态和静态两个角度来进行的。

（一）静态角度

从静态角度描述职业倦怠的表现和影响因素如下。Pines和Aronson将职业倦怠定义为"个体在情感方面过度要求而导致的一种身体、情感和心理的耗竭状态"。[1]奎内思提出职业倦怠的本质是个体付出与回报失衡导致的，刺激条件过多或过少的环境都将导致失衡程度进一步恶化。[2]迪金斯认为职业倦怠为情绪衰竭、人格瓦解及低个人成就感的现象。也就是说，职业倦怠是一种不能有效疏导自身压力的消极情感体验，伴随着自我意识下降、自我评价和自我控制能力降低的负性心理状态。而教师的职业倦怠是指教师无法自如应对工作的应激反应，是长期在压力体验下所导致的情绪、态度和行为的耗竭状态。[3]迪金斯和Jackson指出在人际关系密切的职业中更容易发生职业倦怠的现象，他们将职业倦怠与这些职业联系在一起，将职业倦怠定义为："职业倦怠是个体的一种情绪衰竭、人格解体和低个人成就感的症状。"[4]国外相关研究趋向成熟的同时，国内研究者也提出一些可接受的观点。刘维良指出教师职业倦怠的含义为"个体内心所具有的能量无法担负外部压力对自身造成的困扰而产生的内心疲惫感。"[5]徐富民的研究表明职业倦怠是情绪情感衰竭的一种复合表现，这种表现主要由外部环境压力所引起[6]。蔡融认为职业倦怠是指人们对所从事

---

[1] PINES A, ARONSON E. Career Burnout: Causes And Cures [M]. New York: Free Press, 1988.

[2] CHERNISS C. Staff burnout-Job stress i n the human service [M]. California: Sage Publication, 1980.

[3] SCHAUFELI W. B, MASLACH C, MAREK T. Professional burnout: Recent developments in theory and research [M]. Washington, DC: Taylor & Francis, 1993, 199-215.

[4] MASLASH C, JACKSON S E. Maslash burnout inventory manual (2nd ed.) [M]. Palo Alto, CA: Consulting Psychologists Press, 1986.

[5] 刘维良，马庆霞. 教师职业倦怠及其与工作满意度关系的研究 [C] // 中国心理学会. 第九届全国心理学学术会议文摘选集, 2001: 1.

[6] 徐富明. 中小学教师的工作压力现状及其与职业倦怠的关系 [J]. 中国临床心理学杂志, 2003, 11（3）: 195-197.

的工作产生消极感,对工作带给自身的感受以厌倦为主,进而产生的一种身心疲困、工作能力下降的现象。[1]

(二)动态角度

从动态角度描述职业倦怠的形成和发展过程如下。车尼思认为"职业倦怠是个体职业态度和行为以负向方式发生变化的过程,是工作疲劳的一种反应"[2],是个人对长期工作困难和问题的反应。在他的倦怠理论模型中,倦怠是一种困难应对阶段的最后过程。艾特森认为"职业倦怠是一个迟缓的发展过程,开始时没有任何告诫,在个体没有察觉到的情况下发展,一旦达到一个特殊的临界点,个体就会突然感觉到耗竭,并且不能把这种破坏性的体验与任何特殊的应激事件联系起来"。[3]Schaufeli、迪金森和Marek提出存在主义视角的倦怠,认为倦怠是身体、情绪和精神疲顿的对立面,是一个循序渐进的最终破灭过程。[4]费罗伊登贝格尔和North认为倦怠是精神的磨损和耗竭。这是一个因个体内部或外部强加的过高需求而引起的耗竭,它耗尽个体的能量、应对机制以及内部资源,是一种伴随着超负荷压力的感觉状态,并最终影响一个人的动机、态度和行为"。[5]Pines和Aronson将倦怠解释为由于个体长期沉浸于要求情感付出的环境而导致的一种身心以及情感耗竭的症状[6]。李特曼则认为倦怠是来自为实现职业角色的个人期望与现有组织结构间的差距,它是一种情感疲惫的生理综合征、人格解体以及减少的个人成就[7]。Karasek提出倦怠是与工作相

---

[1] ETZION D. Moderating effect of social support on the stress-burnout relationship [J]. Journal of Applied Psychology, 1984, 69 (4): 615-622.

[2] PINES A, ARONSON E. Career Burnout: Causes And Cures [M]. New York: Free Press, 1988.

[3] ETZION D. Moderating effect of social support on the stress-burnout relationship [J]. Journal of Applied Psychology, 1984, 69 (4): 615-622.

[4] SCHAUFELI W B, MASLACH C, MAREK T. Professional burnout: Recent developments in theory and research [M]. Washington, DC: Taylor & Francis, 1993, 199-215.

[5] FREUDENBERGER H J, NORTH G. Women's Burnout [M]. Garden City, New York: Doubleday, 1985.

[6] PINES A, ARONSON E. Career Burnout: Causes And Cures [M]. New York: Free Press, 1988.

[7] LEITER M P. Coping patterns are predictors of burnout: The function of control and escapist coping patterns [J]. Journal of Organizational Behaviour, 1991 (12): 123-144.

关的综合征，它源于个体的付出和回报不匹配，是随着时间的推移，多种因素共同发生作用的过程。[1]

综上所述，学者们对职业倦怠的研究侧重点虽然不同，但在一些方面还是达成了一定的共鸣，即无论是从职业倦怠的行为结果还是其产生的过程来看，职业倦怠主要是个体在工作过程中在生理、心理及人际交往上所产生的一系列消极变化。在众多的研究中，学者们最为广泛采用的还是迪金森对职业倦怠的定义，他将职业倦怠划分为情感衰竭、低个人成就感和非人性化三个维度，并且编制了对应的量表对职业倦怠的结果进行测量，以判断群体或个人职业倦怠的水平，为职业倦怠的相关研究作出了突出的贡献。情绪衰竭是职业倦怠的核心成分，是情感上过度消耗产生的极其疲惫状态；非人性化是职业倦怠中的人际关系维度，指用消极、冷漠、麻木的态度对待自己的服务对象，去除了服务对象中生命的特征；低个人成就感是职业倦怠的自我评价维度，是个体对自己工作能力和获得成功的自信心下降。

二、教师职业倦怠的概念

教师这一职业被认为是人类最光辉的职业之一，被誉为"人类灵魂的工程师"，教师所服务的对象是学生，而学生是最鲜活的生命，需要付出更多更广泛的情感，因此教师也是职业倦怠的高发人群。法伯将教师职业倦怠称为"教育中的危机"；[2]美国教育学家Gurian也曾慨叹"倦怠的感受正袭击着多数具有爱心、有理想、乐于奉献的教师，教师正在渐渐放弃他们的专业工作"。国内对于教师职业倦怠的研究起步较晚，进入21世纪才逐渐增多。由于国内经济迅速发展和教育体制的不断变革，特别是在基础教育课程改革全面实施之后，我国中小学教师面临着前所未有的工作压力。[3]有研究表明，

---

[1] Karasek R A. Job decision latitude, job demands and mental strain: Implications for job redesign [J]. Administrative Science Quarterly, 1979, 24 (2): 285-308.

[2] Farber Barry A. Teacher Burnout: Assumptions, Myths, and Issues [J]. Teachers College Record: The Voice of Scholarship in Education, 1984, 86 (2): 321-338.

[3] 李芸，李辉，白新杰.国内教师职业倦怠研究20年：回顾和反思 [J].中国健康心理学杂志，2010, 18 (8): 1015-1017.

我国中小学教师的心理健康状况呈现下降趋势。[1]

关于教师职业倦怠的定义，研究者也提出不同看法。法伯在其研究中指出，"教师职业倦怠是教师长期面对职业压力而带给自身情绪的不安导致的必然结果"。[2]伯恩认为"教师职业倦怠是指由于教师不能顺利应对工作压力而体验到的一种极端反应，是教师在长期压力状态下产生的情绪、态度和行为的衰竭状态"。[3]伯恩的定义在目前使用最为广泛，我国研究者对其也进行了补充。伍新春等人认为教师职业倦怠是教师长期处于工作压力下的一种极端反应，包括情绪衰竭、非人性化和低成就感在内的一种综合征状群。[4]王芳和许燕的研究提出了知识枯竭的概念，指出教师在教学过程中，由于再学习能力不高，无法顺利适应社会变化的速度，自身知识体系陈旧，不能从容应对学生的问题，从而感到知识匮乏。[5]胡春梅、姜燕华指出教师职业倦怠指个体外部工作环境压力过大，导致教师无法继续维持其心理感受的正常性，最终引起的个体自身生理及心理上的不适反应。[6]

作为基础教育的主要实施者，中小学教师的职业倦怠显然已经成为不可忽视的社会问题，中小学教师的职业倦怠直接关系着我国基础教育的质量和学生的健康发展，需要社会的关注和重视。

---

[1]吴洪艳.近十四年来普通中学教师SCL-90测查结果分析［J］.中国临床心理学杂志，2014，22（4）：702-706.

[2]FARBER BARRY A. Teacher Burnout：Assumptions，Myths，and Issues［J］. Teachers College Record：The Voice of Scholarship in Education，1984，86（2）：321-338.

[3]BARBARA M. Byrne. The Maslach Burnout Inventory：Testing for factorial validity and invariance across elementary，intermediate and secondary teachers［J］. Journal of Occupational and Organizational Psychology，1993，66（3）：197-212.

[4]伍新春，曾玲娟.透视教师职业倦怠［J］.中国教师，2003（4）：21-22.

[5]王芳，许燕.中小学教师职业枯竭状况及其与社会支持的关系［J］.心理学报，2004，36（5）：568-574.

[6]胡春梅，姜燕华.近三十年来国内外关于教师职业倦怠的研究综述［J］.天津市教科院学报，2006（3）：51-54.

三、中小学教师职业倦怠的表现

21世纪对教师队伍建设的基本要求是建设一支具有高素质和专业化的教师团队。但近年来研究发现，在我国，大多数中小学教师都普遍存在较大的心理压力，并且呈现出显而易见的职业倦怠症状。通过更进一步的数据分析研究发现，中小学教师因为特殊的职业属性，已经成为职业倦怠的高发人群。

经历职业倦怠的教育者每天都会遭受身心健康问题的困扰，教师职业倦怠通常是一种慢性压力，它源于频繁的人际互动并与教学个体密切接触。经历职业倦怠的教师备受精神疲惫之苦，"当这些感觉变成习惯后，教师会发现他们不能再回到过去那样去给予学生"。教学是最好的挑战，但是在最坏的情况下，它是困难的、破灭的和压倒性的，特别是对新教师而言。为此，一些学者将教师职业倦怠的早期症状归结为：①不喜欢工作或出现旷工；②在工作中无法集中注意力；③会感到被工作量和不相关的任务负载；④从同事圈子之中退出；⑤对学校有一种厌恶感；⑥出现失眠、消化障碍、头痛、心悸；⑦在某些情况下无法履行职业职责。[1]很明显，对教师个人和行业而言，教师职业倦怠俨然已成为一个严重的问题。

教师职业倦怠最本质的一个方面就是情感耗竭，[2]它通常发生在教师不能再为学生提供支持的时候。尽管倦怠的症状或许是个性化的，但通常都会表现为"缺乏"的症状，而这种"缺乏"主要涉及活力、快乐、满意度、理念、动机、兴趣、梦想、注意力、自信、幽默。[3]Larwood和Paje研究发现，教师长期处于高压力的状态下，会减弱对学生的同情心和宽容心，以及出现

---

[1] 齐亚静，伍新春，胡博. 教师工作要求的分类——基于对职业倦怠和工作投入的影响研究[J]. 教育研究，2016，37（2）：119-126.

[2] MASLASH C, JACKSON S E. Maslash burnout inventory manual（2nd ed.）[M]. Palo Alto，CA：Consulting Psychologists Press，1986.

[3] SCHWAB R L. Burnout in Education. In C. Maslach & S. E. Jackson（Eds.），Maslach Burnout Inventory Manual. Palo Alto，CA：Consulting Psychologists Press，1986：18-22.

不充分的备课和缺乏责任感的教学。[1]伴随着焦虑和抑郁,教师职业倦怠综合征的结果会让个体产生情绪和身体方面的耗竭,这在行为反应的研究结果上可以得到验证,例如旷工、迟到、工作表现欠佳、缺乏兴趣和承诺,这些都会显著地影响教师的招聘、留用和绩效。教师的不满是广泛且深入的,相对于愤恨更接近主动屈服,"相对愤怒而激发行动更接近于消沉,精神弱化"。[2]对于教师的离职,其中一个重要原因就是经历负面压力。正如法伯所认为的倦怠是一种长期高压力的反应,其结果会导致教师退缩和关心不足,或者在工作中自己会本能地感到耗竭。[3]

关于教师职业倦怠,我们可以表述为在身体、情感和态度方面的耗竭,它开始于一种不安的感觉,从快乐教学到逐渐慢慢消散离去。因而,教师倦怠的症状包括生理、心理、行为和社会反应,它类似于那些遭受战争精神打击而在灾难中幸存下来的个体状态。

第二节 中小学教师职业倦怠的发展特点

一、调查对象与研究工具

(一)调查对象

为了解中小学教师职业倦怠现状,本研究采用方便取样的方法调查了辽宁省和吉林省5所中小学校的教师,共有449名教师参与了问卷调查,删除无效问卷39份,最终获得有效问卷410份,有效回收率为91.31%。被调查教

---

[1] LARWOOD L,PAJE V. Teacher Stress and Burnout in Deaf Education[J]. Academic Exchange Quarterly,2004,8(3):261-264.

[2] COSTAS N,TSOULOUPAS,RUSSELL L,CARSON,RUSSELL MATTHEWS,MATTHEW J. GRAWITCH,LARISSA K. BARBER. Exploring the association between teachers' perceived student misbehaviour and emotional exhaustion:the importance of teacher efficacy beliefs and emotion regulation[J]. Educational Psychology,2010,30(2):173-189.

[3] FARBER BARRY A. Teacher Burnout:Assumptions,Myths,and Issues[J]. Teachers College Record:The Voice of Scholarship in Education,1984,86(2):321-338.

师的具体情况如下：男教师124人，女教师286人；年龄在20～30岁87人，31～40岁104人，41～50岁121人，51～60岁98人；教龄在1～3年59人，4～6年51人，7～18年96人，19～30年129人，30年以上75人；职称为二级以下38人，二级94人，一级161人，副高级115人，正高级2人；所教科目为语数外171人，物理化学41人，史地生政70人，音体美劳计社会128人；担任班主任137人，非班主任433人；小学教师107人，初中教师186人，高中教师117人；重点学校158人，非重点学校252人。

（二）研究工具

研究工具为教师职业倦怠问卷。本研究采用《教师职业倦怠问卷》，该量表由迪金斯等人（2001年）编制而成，[①]后来田瑾人（2021年）对教师职业倦怠量表（MBI—ES）进行了修订。[②]问卷经过修订以后更符合调查中国教师的职业倦怠。该量表包括三个维度，分别是情绪衰竭、低个人成就感、非人性化。情绪衰竭（1～8）如对工作感到有挫折感；低个人成就感（9～16）如只要努力就能得到好的结果；非人性化（17～22）如从事这份工作后，我觉得对人变得更冷淡；其中9～16为反向题。该量表共22个项目，采用Likert5评价方法，以"1"代表"从未如此"，"2"代表"很少如此"，"3"代表"一般"，"4"代表"有时如此"，"5"代表"经常如此"，量表总分越高，表示中小学教师职业倦怠越严重。信度检验采用克伦巴赫系数检验，本次测量《教师职业倦怠问卷》的克隆巴赫系数为0.84。

（三）数据处理

本研究采用SPSS26.0对数据进行统计处理，进行独立样本t检验和单因素方差分析。

[①]MASLACH C，SCHAUFELI W B，LEITER M P，et al. Job burnout［J］. Annual Review of Psychology，2001，52（1）：397-422.

[②]田瑾，毛亚庆，熊华夏. 变革型领导对教师职业倦怠的影响：社会情感能力和幸福感的链式中介作用［J］. 心理发展与教育，2021，37（5）：743-751.

二、中小学教师职业倦怠在人口统计学变量上的差异

（一）中小学教师职业倦怠水平在性别上的差异

为了探讨中小学教师职业倦怠水平在性别上的差异，以性别作为分组变量，对不同性别教师的职业倦怠情况进行独立样本t检验，结果如表4-1所示。

表4-1　中小学教师职业倦怠的性别差异（n=410）

变量	情绪衰竭	低个人成就感	非人性化	职业倦怠总分
男	24.31±6.87	20.05±7.92	16.46±5.21	60.81±11.61
女	26.92±5.37	18.44±6.14	18.07±4.15	63.43±10.45
t	−4.139***	2.009*	−3.049*	−2.249*

注：*表示P<0.05，**表示P<0.01，***表示P<0.001。

由表4-1可知：在本研究中，不同性别教师的职业倦怠总体情况得分均值表现出显著性差异（P<0.05）；在情绪衰竭、低个人成就感、非人性化三个维度上均呈现出显著性差异，情绪衰竭维度有极其显著的统计学差异。具体而言，在情绪衰竭和非人性化维度上女性教师的得分均值高于男性教师；在低个人成就感维度上男性教师的得分均值高于女性教师。

女性教师的情绪衰竭得分均值高于男性教师，这与女性更倾向于情感表达、情感共鸣以及关注学生需求有关，女性在工作中更容易受到情绪消耗的影响，导致情绪衰竭的程度更高；女性教师在非人性化维度上的得分均值高于男性教师，这表明女性教师在与学生和同事的互动中更注重人性化的关怀和支持，而男性教师在这方面相对缺失，这种差异与社会文化角色期望、性别角色认同及教育环境中性别角色的发挥有关；男性教师在低个人成就感维度上的得分均值高于女性教师，这反映出男性教师对于自身职业发展和成就的重视程度较高，或者男性教师在工作中更注重目标的实现和竞争性的动力。相比之下，女性教师更注重与学生的互动、人际关系和合作，并且在个人成就感方面得分较低。

（二）中小学教师职业倦怠水平在年龄上的差异

为了探讨中小学教师职业倦怠与年龄之间的差异，以不同年龄阶段作为

分组变量，对不同年龄阶段教师的职业倦怠情况进行单因素方差分析，结果如表4-2所示。

表4-2　中小学教师职业倦怠的年龄差异（$n=410$）

变量	情绪衰竭	低个人成就感	非人性化	职业倦怠总分
1	25.76 ± 5.96	20.91 ± 6.26	17.83 ± 4.35	64.49 ± 11.02
2	26.90 ± 5.62	18.85 ± 6.52	18.67 ± 4.04	64.42 ± 10.11
3	27.12 ± 5.87	19.04 ± 6.56	17.93 ± 4.58	64.10 ± 10.15
4	24.40 ± 6.17	17.12 ± 7.25	15.78 ± 4.75	57.30 ± 10.80
F	4.673**	4.981**	7.837***	11.178***
LSD	4<2, 3	2, 3, 4<1, 4<3	4<1, 2, 3	4<1, 2, 3

注：*表示$P<0.05$，**表示$P<0.01$，***表示$P<0.001$；年龄1、2、3、4分别代表20～30岁、31～40岁、41～50岁、51～60岁。

由表4-2可知：在本研究中，不同年龄教师的职业倦怠总体情况得分均值表现出显著性差异，特别是非人性化和职业倦怠总分维度上呈现极其显著的统计学差异。年龄在51～60岁的教师职业倦怠总体情况得分均值小于年龄在51岁及以下的教师得分。在职业倦怠的三个维度上，不同年龄阶段的教师也表现出了显著差异，经过事后多重比较发现在情绪衰竭维度，年龄在31～40岁、41～50岁的教师得分均值大于年龄在51～60岁的教师得分；在低个人成就感维度上，年龄在20～30岁的教师得分均值大于年龄在31岁及以上的教师得分，年龄在41～50岁的教师得分均值大于年龄在51～60岁的教师得分；在非人性化维度，年龄在51～60岁的教师得分均值均小于年龄在50岁及以下的教师得分。

年龄在51～60岁的教师的职业倦怠总体情况得分均值小于年龄在51岁及以下的教师得分，这表明随着年龄的增长，教师的职业倦怠程度有所降低，因为经验丰富的教师能够更好地处理工作压力、管理情绪，并具备更强的适应能力。在情绪衰竭维度上，年龄在31～40岁、41～50岁的教师的得分均值大于年龄在51～60岁的教师得分，这反映了中年教师面临较大压力和挑战较多，导致情绪消耗更多，从而表现出更高的情绪衰竭。在低个人成就感维度上，年龄在20~30岁的教师在得分均值大于年龄在31岁及以上的教师得分，年龄在41~50岁的教师得分均值大于年龄在51~60岁的教师得分，这反映了年轻和中年教师更加关注自身的成就和职业发展，对于目标的实现和成功的渴望更强烈。在非人性化维度上，年龄在51~60岁的教师得分均值小于年龄在50岁及以下的教师得分，这意味着较年轻的教师在与学生和同事的互动中更注重人性化的关怀和支持，而年长教师可能在这方面表现较少。

三、中小学教师职业倦怠与教龄之间的差异分析

为了探讨教师职业倦怠与教龄之间的差异，以不同教龄年限作为分组依据，对不同教龄教师的职业倦怠情况进行单因素方差分析，结果如表4-3所示。

表4-3 中心小学教师职业倦怠的教龄差异（M±SD）

变量	情绪衰竭	低个人成就感	非人性化	职业倦怠总分
1	24.36 ± 5.73	21.95 ± 6.01	17.03 ± 4.21	63.34 ± 12.07
2	26.92 ± 5.15	19.76 ± 6.11	18.71 ± 3.51	65.39 ± 7.82
3	27.53 ± 5.97	18.51 ± 6.82	18.69 ± 4.55	64.73 ± 10.56
4	26.02 ± 6.11	18.46 ± 6.48	17.34 ± 4.65	61.81 ± 11.41
5	25.37 ± 6.12	17.33 ± 7.45	16.25 ± 4.89	58.96 ± 10.15
F	3.222*	4.593**	4.224**	4.231**
LSD	1<2，3，5<3	3，4，5<1，5<4	1，4，5<3，5<2	5<1；4，5<2，4，5<3

注：*表示$P<0.05$，**表示$P<0.01$，***表示$P<0.001$；教龄1、2、3、4、5分别代表1~3年、4~6年、7~18年、19~30年、30年以上。

由表4-3可知：在本研究中，不同教龄教师的职业倦怠总体情况得分均值表现出显著差异性。在职业倦怠总分方面，教龄在1~3年的教师得分均值大于教龄在30年以上的教师得分，其次教龄在4~6年、7~18年的教师得分均值大于教龄在19年及以上的教师得分。在职业倦怠的三个维度上，不同教龄教师的得分情况也表现显著差异，经过事后多重比较发现在情绪衰

竭维度，教龄在4~6年、7~18年的教师得分均值高于教龄在1~3年的教师得分，其次是教龄在7~18年的教师得分均值高于教龄在30年以上的教师得分；在低个人成就感维度，教龄在1~3年的教师得分均值高于教龄在7~18年、19~30年及30年以上的教师得分，教龄在19~30年的教师得分均值高于教龄在30年以上教师得分；在非人性化维度，教龄在1~3年、4~6年、7~18年的教师得分均值高于教龄在30年以上的教师得分，其次是教龄在4~6年、7~18年的教师得分均值高于教龄在19—30年的教师得分。

教龄在1~3年的教师的职业倦怠总分得分均值大于教龄在30年以上的教师得分，这反映了新手教师在刚开始的职业生涯阶段面临的挑战和压力较多，适应工作环境和应对工作需求可能需要一定的时间和经验积累。相比之下，教龄较长的教师已经发展出更好的应对策略，更熟悉教育工作的要求，从而在职业倦怠总分方面得分较低。在情绪衰竭维度，教龄在4~6年、7~18年的教师得分均值高于教龄在1~3年的教师，其次是教龄在7~18年的教师得分均值高于教龄在30年以上的教师，这反映了在教育职业早期和中期，教师在面对学生需求、教学挑战和工作压力时，经历情绪消耗和情绪调节的困难较多，随着教龄的增长，教师可能能够更好处理情绪，减少情绪衰竭。在低个人成就感维度，教龄在1~3年的教师得分均值高于教龄在7~18年、19~30年及30年以上的教师，而教龄在19~30年的教师得分均值高于教龄在30年以上的教师。这表明刚开始教育生涯的教师在职业成就感方面更容易受到挑战和不确定性的影响，而中期教师更有机会实现一定的职业成就，教龄较长的教师可能经历了职业的高峰并感受到一定的满足感，从而降低了对个人成就感的得分。在非人性化维度，教龄在1~3年、4~6年、7~18年的教师得分均值高于教龄在30年以上的教师，其次是教龄在4~6年、7~18年的教师得分均值高于教龄在19~30年的教师。这反映了教龄较短的教师在教育职业的早期阶段，可能面临较多的工作压力和挑战，缺乏适应和应对非人性化工作环境的经验。随着教龄的增长，教师可能更加习惯和熟悉工作中的非人性化要素，逐渐发展出适应和缓解这些压力的机制，因此在非人性化维度上得分较低。

四、中小学教师职业倦怠与学历之间的差异分析

为了探讨中小学教师职业倦怠与学历的差异,以不同学历程度作为分组依据,对不同教龄教师的职业倦怠情况进行单因素方差分析,结果如表4-4所示。

表4-4 中小学教学职业倦怠的学历差异（M±SD）

变量	情绪衰竭	低个人成就感	非人性化	职业倦怠总分
1	25.00 ± 7.62	18.95 ± 7.79	17.19 ± 5.56	61.14 ± 8.11
2	26.01 ± 5.97	19.05 ± 6.81	17.50 ± 4.64	62.56 ± 11.17
3	27.61 ± 5.07	17.87 ± 5.84	18.52 ± 3.06	64.00 ± 9.78
4	21.00	26.00	11.00	58.00
F	0.218	0.507	0.229	0.726

注：*表示$P<0.05$，**表示$P<0.01$，***表示$P<0.001$；教龄1、2、3、4分别代表专科及以下、本科、硕士研究生、博士研究生。

由表4-4可知：在本研究中，不同学历的教师的职业倦怠总体情况得分均值及三个维度的得分均值均未表现出显著性差异。这意味着学历在教师的职业倦怠方面可能不是一个重要的因素，至少在本研究的样本中没有观察到明显的影响。首先，学历与职业倦怠之间的关系较为复杂，如工作环境、工作负荷、个人特质等对教师的职业倦怠可能产生更大的影响，在这种情况下，无论教师的学历水平如何，职业倦怠得分可能存在较大的变异性。其次，如果研究样本中不同学历水平的教师数量相对均衡，即各种学历水平的教师在样本中的比例相近，那么可能很难观察到显著的差异。这是因为样本中学历差异所带来的变异性被平均化，导致整体上没有明显的差异。最后，测量工具的局限性在本研究中使用的职业倦怠测量工具可能无法有效捕捉到学历对职业倦怠的影响，需要更具体和敏感的测量工具来准确评估不同学历教师之间的职业倦怠差异。

五、中小学教师职业倦怠与职称之间的差异分析

为了探讨中小学教师职业倦怠与职称的差异，以不同职称作为分组依据，对不同职称教师的职业倦怠情况进行单因素方差分析，结果如表4-5所示。

表4-5 中小学教师职业倦怠的职称差异（n=410）

变量	情绪衰竭	低个人成就感	非人性化	职业倦怠总分
1	24.37 ± 5.92	21.26 ± 5.54	17.00 ± 4.45	62.63 ± 12.56
2	26.43 ± 5.73	20.31 ± 6.87	18.18 ± 3.91	64.91 ± 9.37
3	26.50 ± 5.97	18.76 ± 6.61	17.83 ± 4.61	63.09 ± 11.67
4	25.90 ± 6.21	17.35 ± 6.90	16.91 ± 4.96	60.17 ± 9.93
5	28.50 ± 2.12	14.50 ± 2.12	19.00 ± 2.83	62.00 ± 7.07
F	1.155	4.045**	1.358	2.631*
LSD		3，4<1，4<2		4<2，4<3

注：*表示$P<0.05$，**表示$P<0.01$，***表示$P<0.001$；教龄1、2、3、4、5分别代表二级以下、二级、一级、副高级、正高级。

由表4-5可知：在本研究中，不同职称的教师的职业倦怠总体情况得分均值表现出显著性差异。二级和一级教师职业倦怠总体情况得分均值高于副高级教师的得分。在职业倦怠的三个维度上，不同职称的教师只有在低个人成就感维度上表现出了显著性差异，经过事后多重比较发现，二级以下教师的得分均值高于一级和副高级教师的得分均值，其次是二级教师的得分均值高于副高级教师的得分均值。

在职业倦怠总体情况方面，不同职称的教师会承担不同程度的工作压力和责任，二级和一级教师会面临更多的教学任务和管理责任，因此他们在职业倦怠总体情况得分均值上更高。副高级教师具有更多的管理职责和行政任务，相对而言不容易感到职业倦怠。在低个人成就感维度上，不同职称的教师在职业发展和晋升方面面临着不同的压力，二级和一级教师更加渴望晋升和提升职位，因此他们对自己的个人成就感更加敏感，同时也感受到更大的压力和焦虑，通常教师职称与教育机构的评价和奖励体系相关，二级和一级教师面临着更高的评价标准和奖励要求，所以他们可能更加关注个人成就和

工作表现，从而在低个人成就感维度上得分较高。

六、中小学教师职业倦怠与学段之间的差异分析

为了探讨中小学教师职业倦怠与学段之间的差异，以不同任教学段为分组依据，对不同任教学段的教师职业倦怠情况进行单因素方差分析，结果如表4-6所示。

表4-6 中小学教师职业倦怠的学段差异（n=410）

变量	情绪衰竭	低个人成就感	非人性化	职业倦怠总分
1	26.18 ± 5.43	18.33 ± 6.07	17.67 ± 4.27	62.18 ± 9.91
2	26.74 ± 6.19	19.60 ± 7.12	17.59 ± 4.79	63.94 ± 11.42
3	25.10 ± 6.02	18.41 ± 6.72	17.49 ± 4.44	61.00 ± 10.63
F	2.729	1.698	0.047	2.774

注：*表示$P<0.05$，**表示$P<0.01$，***表示$P<0.001$；教龄1、2、3分别代表小学、初中、高中。

由表4-6可知：在本研究中，不同任教学段教师的职业倦怠总体情况得分均值及三个维度的得分均值均未表现出显著性差异。这意味着教师在不同任教学段上的职业倦怠程度可能没有显著的差异，职业倦怠可能不特定于某一任教学段。教师职业倦怠的产生受到多个因素的综合影响，包括工作压力、工作负荷、工作环境、个人特质等，而不只是任教学段本身。在这种情况下，不同任教学段的教师在职业倦怠方面可能存在较大的个体差异，导致在整体上未观察到显著差异。本研究中可能存在其他未考虑到的因素，如教育政策、教学资源、支持体系等，这些因素也可能对教师的职业倦怠产生影响。相关研究可以进一步探索这些因素与不同任教学段教师与职业倦怠的关系，以获得更全面的了解。

七、中小学教师职业倦怠与学校类别之间的差异分析

为了探讨中小学教师职业倦怠与学校类别之间的差异，以学校类别作为分组依据，对不同学校类别的教师职业倦怠情况进行独立样本t检验，结果如表4-7所示。

表4-7 中小学教师职业倦怠的学校类别差异（n=410）

变量	情绪衰竭	低个人成就感	非人性化	职业倦怠总分
重点	25.18 ± 5.47	18.94 ± 6.27	17.20 ± 3.99	61.32 ± 9.23
非重点	26.72 ± 6.21	18.92 ± 7.05	17.82 ± 4.86	63.47 ± 11.72
t	−2.639**	−0.018	−1.341	−2.066

注：*表示P<0.05，**表示P<0.01，***表示P<0.001。

由表4-7可知：在本研究中，不同学校类别的教师的职业倦怠总体情况得分均值未表现出显著差异。从教师职业倦怠的三个维度来看，不同学校类别的教师在情绪衰竭维度上表现出显著性差异，具体而言，非重点学校的教师得分均值高于重点学校的教师得分均值。

从情绪衰竭维度来看，不同学校类别的教师在情绪衰竭得分上存在显著差异。这种差异受到多个因素的影响，重点学校通常拥有更多的资源和支持体系，这有助于减轻教师的工作压力和情绪负荷，从而降低情绪衰竭；相反，非重点学校面临更多的挑战，如资源不足、教学条件较差等，这导致教师更容易出现情绪衰竭的情况。此外，学校文化和氛围也可能对教师的情绪衰竭产生影响。重点学校更注重教育质量和教学成果，对教师的工作进行更全面的支持和激励，从而减少情绪衰竭的发生；而非重点学校更容易面临各种挑战和压力，导致教师更容易出现情绪衰竭的情况。

八、中小学教师职业倦怠与是否为班主任之间的差异分析

为了探讨中小学教师职业倦怠与是否为班主任之间的差异，以教师是否为班主任作为分组依据，对教师的职业倦怠情况进行独立样本t检验，结果如表4-8所示。

表4-8　中小学教师职业倦怠与是否班主任之间的差异（$n=410$）

变量	情绪衰竭	低个人成就感	非人性化	职业倦怠总分
是	27.87 ± 5.85	18.22 ± 6.43	18.99 ± 4.53	65.08 ± 11.03
否	25.55 ± 5.92	19.17 ± 6.85	17.12 ± 4.47	61.83 ± 10.71
t	3.448***	−1.231	3.657***	2.634*

注：*表示$P<0.05$，**表示$P<0.01$，***表示$P<0.001$。

由表4-8可知：在本研究中，教师职业倦怠总体情况得分均值在教师是否为班主任这一变量中表现出显著差异，是班主任的教师职业倦怠的总体得分均值高于不是班主任的教师得分均值。在教师职业倦怠的三个维度上，情绪衰竭维度和非人性化维度表现出了极其显著的差异。具体而言，在情绪衰竭维度和非人性化维度上是班主任的教师得分均值高于不是班主任的教师得分均值。

上述这种差异是由多个因素引起的。首先，作为班主任的教师，他们在教学工作之外还承担着更多的管理和组织责任，包括处理学生问题、家长沟通、班级事务等，这些额外的责任可能导致班主任教师承受更大的工作压力和心理负荷，从而增加了他们的情绪衰竭和非人性化感受。相比之下，非班主任教师能够更专注于教学本身，较少受到管理方面的干扰和负担，因此在职业倦怠方面表现较低。此外，班主任教师与学生和家长的接触更频繁，他们需要投入更多的情感并应对学生和家长的需求，这也对他们的情绪衰竭和非人性化感受产生影响。

九、中小学教师职业倦怠与所教科目之间的差异分析

为了探讨中小学教师职业倦怠与所教科目之间的差异，以所教科目作为分组依据，对不同科目教师的职业倦怠情况进行单因素方差分析，结果如表4-9所示。

表4-9 中小学教师职业倦怠与所教科目的差异（$n=410$）

变量	情绪衰竭	低个人成就感	非人性化	职业倦怠总分
语数外	26.92 ± 5.79	18.32 ± 6.58	17.85 ± 4.57	63.09 ± 11.43
理化生	27.56 ± 5.57	18.46 ± 6.30	18.88 ± 4.42	64.90 ± 9.27
政史地	24.89 ± 6.16	19.91 ± 7.65	16.87 ± 4.55	61.67 ± 9.66
音体美劳计社会	25.29 ± 6.07	19.35 ± 6.59	17.20 ± 4.51	61.84 ± 11.16
F	3.701*	1.190	2.186	1.104
LSD	3, 4<1, 3, 4<2			

注：*表示$P<0.05$，**表示$P<0.01$，***表示$P<0.001$；所教科目1、2、3、4分别代表语数外、理化生、政史地、音体美劳计社会。

由表4-9可知：在本研究中，所教科目不同的教师的职业倦怠总体情况得分均值未表现出显著性差异。在职业倦怠的三个维度上只有情绪衰竭维度表现出显著性差异，经过事后多重比较发现在情绪衰竭维度，语数外、理化生教师的得分均值均高于政史地、音体美劳计社会教师的得分均值。

一方面，语数外和物理化学科目通常被认为是学生学习的核心科目，教师在这些科目中扮演着重要的角色。这些教师需要更多的时间和精力来备课、教学和评估学生的学习成果。同时，学生对这些科目的学习压力也较大，教师需要更多地关注学生的学习进展和成绩，与学生和家长的互动可能更频繁。这些因素导致语数外和理化生教师在情绪衰竭方面表现出更高的得分。另一方面，政史地和音体美劳计社会等科目相对于语数外和物理化学来说，其教师的教学负荷和压力较低。这些科目的教学内容更加多样化、注重实践和创造性，教师有更大的自主权和灵活性，从而减轻了他们的情绪衰竭程度。

第三节 中小学教师职业倦怠的影响因素

目前人们普遍认为工作压力是教师产生职业倦怠的直接原因，国内外研究结果也表明，工作压力与教师职业倦怠呈显著的正相关，而且工作压力可以在一定程度上预测职业倦怠的水平。与此同时，许多研究者也发现，职业倦怠对于不同的个体工作压力的影响是不一样的，工作压力并不是教师产生职业倦怠的唯一影响因素。

大量研究结果表明，工作压力是和一定的人格特质共同影响个体的职业倦怠状况。具有这些人格特征的个体会更容易产生职业倦怠感，例如不切实际的期望、低自我价值感、不自信、对自己缺乏准确的定位和客观的评价等。从实证研究结果我们可以发现，与职业倦怠呈正相关的人格特质包括了A型行为、精神质、神经质、外控倾向，与职业倦怠呈负相关的人格特质包括自尊、内控倾向、一般自我效能感、教学效能感等。

另外还有部分研究表明：专家型教师的职业倦怠水平要远远低于新手型教师和熟手型教师；教师的职业人格（例如教学的严谨性和机敏性、职业的永恒性、师生的亲和性、人际的协调性）会对职业倦怠产生显著的预测作用；社会支持可以有效地预防职业倦怠。[①]

国内外学者对于教师职业倦怠影响因素的研究到目前为止已经取得了相对丰硕的研究成果，任何事物和现象都不是孤立存在、产生和发展的，教师职业倦怠的产生主要是教师个体和外部环境相互作用产生的结果，与个体所相关的内外部因素总会产生正向或者负向的预测作用，因此我们可以把教师职业倦怠的影响因素归为外部环境因素和教师个体因素两类。

一、外部环境因素

外部环境因素是指能对教师职业倦怠产生作用、造成影响的外部力量。教师职业倦怠的外部环境因素从社会、学校和家庭三个方面进行划分和总结。

（一）社会因素

影响教师职业倦怠的社会因素包括社会对教师期望值过高、教师的社会地位不高、教师所获得的社会支持不足等因素，也有一些学者关注了特岗教

---

① 王莉，王俊刚. 中学教师职业倦怠与工作压力、社会支持的关系研究［J］. 忻州师范学院学报，2008，24（6）：102–104.

师的地域融入和教师职业倦怠之间的关系。冉祥华指出随着社会各方面对教师群体期望值的不断提升，以及家长对子女不断产生的高要求在无形中给教师造成了巨大的职业压力，在面对一系列突发状况的时候教师不知所措，从而导致了教师的职业倦怠；[1]肖爱芝的研究指出教师对于社会发展起到的巨大作用与其社会地位及其工资待遇不相匹配，换言之教师的社会地位过低是造成教师职业倦怠的因素之一。[2]研究表明社会支持与个体的职业倦怠呈现负相关，[3]个体通过外部获得丰富的心理和物质支持，从而转换为更多的自信心，反过来也更愿意支持他人，这样便有利于减少职业倦怠的出现，形成一种正向的积极循环；傅王倩等人在研究中得出教师职业倦怠与特岗教师的地域融入呈现出显著的负相关，并提出以提高特岗教师地域融入为切入点进行不同问题的分析，这样既可以促进教师队伍的稳定性，也可以进一步缓解教师的职业倦怠感。[4]

良好的社会支持可以增强个体的归属感，同时可以让个体认识到并肯定自己的社会价值和自我价值，从而增强个体成就感，有更高的工作动力就不容易出现职业倦怠。

（二）学校环境因素

影响教师职业倦怠的学校环境因素可以归为学校工作条件、工作氛围、学校内部组织及领导的行为方式等。迪金斯等人的研究指出教师所处的工作环境是影响教师职业倦怠的一个重要因素，工作环境的轻松愉悦能够减少职业倦怠现象的发生；[5]格雷森和阿尔瓦雷茨的研究表明教师职业倦怠与教师在学校的工作条件、工作氛围，以及通过学校获得的精神和物质支持呈现显

---

[1] 冉祥华.谈中小学教师职业倦怠的成因与对策[J].教育探索，2004（9）：102-104.

[2] 肖爱芝.中小学教师职业倦怠问题研究[J].教学与管理，2008（33）：32-34.

[3] 邵来成，高峰勤.中小学教师的职业倦怠现状及其与社会支持的关系研究[J].山东师范大学学报（人文社会科学版），2005，50（4）：150-153.

[4] 傅王倩，姚岩.特岗教师的地域融入与职业倦怠的关系研究——基于全国13省的实证研究[J].教育学报，2018，14（2）：89-96.

[5] MASLACH C，SCHAUFELI W B，LEITER M P, et al. Job burnout[J]. Annual Review of Psychology，2001，52（1）：397-422.

著相关关系；[1]彭艳红研究得出，学校内部的组织公平通过作用于教师的职业认同感这一影响机制，对教师的职业倦怠产生了重要影响；王昊，周奕欣等人的研究指出，团队的认同感越高，教师职业倦怠水平就越低，高团队认同可以让教师在工作中越来越多地将自己与团队紧密联系在一起，从而降低教师的情绪枯竭感，而低团队认同感则更容易让教师产生孤独感，进而发展成为职业倦怠。[2]同时也有学者关注领导的类型对教师职业倦怠的影响，在后现代主义的启发下，越来越多的人开始关注人与人之间双边互动的相互作用，基于此，学校管理者的类型和教职工互动的方式也必然会影响教师的职业倦怠水平。毛晋平等人通过在相关研究中得出诚信型领导在各维度通过正向的作用，以此来激发教师的心理资本、提升教师认知倾向和成就体验的积极性，从而减少教师职业倦怠的产生。[3]

（三）家庭因素

教师在工作和家庭之间，承担着不同的角色，而个体的心理资源和体力资源相对来说都是有限的，因此探究家庭环境和教师职业倦怠之间的关系就显得尤为重要。目前研究者对于教师家庭和职业倦怠关系的探讨大多集中在家庭工作冲突上，李明军通过实证研究得出教师的家庭对其工作干扰越大，其教师职业倦怠水平就越高的结论。[4]教师个体对于平衡家庭和工作的关系，并不是一件很容易的事情，因为教师的工作时间没有清晰的界限，教育事业具有的本质从一开始就决定了教师要有奉献精神，教师要随时做好为家长和学生解答疑惑的准备，这对于教师家庭来说也是一个挑战。

---

[1] JESSICA L. GRAYSON, HEATHER K. Alvarez.School climate factors relating to Teacher burnout: A mediator model [J]. Teaching and Teacher Education, 2007, 24 (5): 1349-1363.

[2] 王昊, 周奕欣, 王可欣, 等. 团队认同对教师人格与职业倦怠关系的跨层调节作用 [J]. 中国临床心理学杂志, 2015, 23 (4): 741-745.

[3] 毛晋平, 唐晨. 诚信型领导与中小学教师职业倦怠的关系：心理资本的中介作用 [J]. 中国临床心理学杂志, 2016, 24 (4): 730-733.

[4] 李明军. 中小学教师工作家庭冲突、职业倦怠与生活满意度的关系 [J]. 中国健康教育, 2015, 31 (9): 830-832.

二、教师个体因素

通过整理文献发现，教师的个体因素对教师职业倦怠的影响可以分为两类，即教师个体感受性因素和教师个体心理因素。教师个体感受性因素是指教师这一个体对相同客观事物或者客观现象的主观感受和体验；教师个体心理因素则是指教师个体的一般心理特征，主要是教师对自我的认识。

（一）教师个体感受性因素

目前多数研究者对于教师个体感受性因素对职业倦怠的影响主要集中在教师薪酬满意度、教师工作满意度、教师职业认同度、教师工作投入、教师工作压力感知度等方面进行探讨，一部分研究者通过大量的实证研究得出了比较一致的结论：相关研究表明教师的薪酬满意度与教师的职业倦怠呈现出显著的负相关；[1]教师的工作满意度与教师的职业倦怠水平呈现出显著的负相关关系，即教师对自己的工作感到满意产生了激励情绪效果，从而减少教师职业倦怠的发生；[2]教师的工作投入与教师的职业倦怠呈现出显著的负相关关系；[3]教师的工作压力感知度与教师的职业倦怠水平呈现出显著的正相关关系。[4]研究者们根据得出的研究结果从不同角度出发给出了缓解教师职业倦怠的对策，例如学校管理者要重视教师的感受，进一步了解教师需求，着重提升教师对职业的持续认同感和对工作的持续投入感，提升教师个体的自豪感和个人成就感；教师自身也要树立坚定信念，认识到自己的社会价值和自我价值，保持工作热情，及时调节工作带来的压力和负面情绪，降低工作带来的倦怠感。

---

[1] 黄晋生，蔡文伯.民族地区中小学特岗教师职业压力与职业倦怠的关系：工作满意度的中介作用［J］.当代教师教育，2019，12（4）：67-73.

[2] Sokmen, Yavuz; Kilic, Durmus. The Relationship between Primary School Teachers' Self-Efficacy, Autonomy, Job Satisfaction, Teacher Enaggement and Burnout: A Model Development Study [J]. International Journal of Research in Education and Science, 2019, 5（2）：709-721.

[3] 曾玲娟，伍新春.教师职业倦怠研究综述［J］.辽宁教育研究，2003（11）：79-80.

[4] 刘晓明，王丽荣，金宏章，等.职业压力影响中小学教师职业倦怠的作用机制研究［J］.中国临床心理学杂志，2008，16（5）：537-539.

(二)教师个体心理因素

国内外学者针对教师个体心理因素对职业倦怠的影响的探讨大都集中在教师的一般效能感和教师的心理资本两个方面。大多研究者表明教师的教学效能感与教师的职业倦怠水平均显著的负向影响教师职业倦怠水平;教师的心理资本与教师的职业倦怠水平呈现出显著负相关,其中乐观主义的心理资本对于教师职业倦怠产生的相关作用最为显著;Selcuk的研究指出教师心理资本压力的中介效应若作用于教师焦虑水平,则会进一步产生职业倦怠,并且指出如果学校的管理人员希望减少教师的职业倦怠和消极态度,以及在工作中培养出教师积极的态度,那么管理者就必须要为发展和加强教师的心理资本做出努力。[1]

近年来,国内学者也开始对教师的情绪智力与教师职业倦怠之间的关系展开研究,姚计海等人通过回归分析发现了教师的情绪智力水平可以显著的负向预测教师的职业倦怠水平;[2]郑楚楚、郭力平通过对相关文献进行元分析发现教师的情绪智力与教师的职业倦怠呈现出显著的负向相关,即教师在情绪智力水平方面的得分越高,则教师职业倦怠的现象表现得越不明显。[3]国内外的研究者们逐步去关注教师内部心理因素对教师职业倦怠的影响,为我们打开了新的研究视野,还有很多与教师心理特征相关因素值得继续深入挖掘。

---

[1] SELCUK DEMIR. The Relationship between Psychological Capital and Stress, Anxiety, Burnout, Job Satisfaction, and Job Involvement [J]. Eurasian Journal of Educational Research, 2018 (75): 137-154.

[2] 姚计海, 管海娟. 中小学教师情绪智力与职业倦怠的关系研究 [J]. 教育学报, 2013, 9 (3): 100-110.

[3] 郑楚楚, 郭力平. 二十一世纪以来国内外教师情绪智力与教师职业倦怠关系研究的元分析 [J]. 教师教育研究, 2018, 30 (4): 114-121.

第四节　中小学教师职业倦怠的缓解策略

教师的职业倦怠本身就会受到社会、组织及个人多种因素的影响，因此就缓解教师的职业倦怠而言，这是一个复杂的且有系统的工程，需要多方力量的参与，如在社会层面，需要给予教师更加宽松的氛围；在学校组织层面，需要赋予教师更多的自主权，以及参与学校管理的权利；对于教师个体而言，需要教师个体提升自身实力，强化自身心理资本等。

一、社会层面

研究表明，有效的社会支持可以减轻教师的压力，进而缓解教师倦怠感的产生，这就要求我们进一步强化社会支持体系，作为一个存在于社会的人，我们需要彼此支持、共同发展，建立和谐愉悦的人际关系，以有效地提高教师的生活质量和工作效率，而且有关的研究已经证实同事间的相互支持更有利于组织的发展，会创造出一种"社会团体感"，可有效缓解和改善教师产生的情感耗竭，增加个人的成就体验，从而减少教师的职业倦怠。社会外部环境作为职业倦怠产生的重要来源，从缓解职业倦怠的视角来看，我们应该侧重于控制社会外部环境中的不利因素。和谐健康的人际关系是关乎教师职业幸福与发展的心灵暖房；人际互动当中所形成的社会支持系统，则是关乎教师健康的重要心理屏障和保护膜，没有谁是永远的"孤独英雄"，也没有谁能解决生活所有的困惑，更没有谁可一直处于封闭的世界，只有分享生活、共担责任，我们的生活才会有阳光。

与此同时，我们要提高教师的社会地位，重塑尊师重教的社会风尚。同时我们也要积极采取切实可行、科学有效的行动，贯彻执行"教育先导"的优先策略，为教师发展构建一个宽松、和谐的人文环境，用发展的视角评价教育，用辩证的视角评判教师。教师也是有温度的个体，虽然有强烈的道德责任感、渊博的知识、甘为人梯的奉献精神，但是他们也需要尊重、需要关怀，需要生活，我们应该从教师实际困难出发，多解决一些问题、多改善一些条件，为教师发展提供一个更大、更好的工作和生活舞台。同时，赋予教师充分的社会信任。社会信任作为教师快速成长的有机养分，是教师职业选择与高绩效的重要促进剂。当教师沐浴于良好的社会信任氛围，会点燃他们十足的信心与持续的干劲，会激励他们获得更大的成就感、满足感及自尊感。教育并不是万能的，教师也并不是全能的，因此社会要对教师形成合理的期望，不能把社会和家庭的责任完全归于学校和教师，更不能将教师神圣化，而忽视教师们的合理要求，既要看到教师的过去，又要立足于现实，面对未来，不断地创造条件，真正使教师职业成为社会崇高职业。

二、学校组织层面

（一）建立合理的教师评价制度

研究表明，职业压力中的工作负荷、考试压力、学生因素与职业倦怠的情绪衰竭和去个性化维度呈正相关。[1]本研究结果也指出，中小学教师在情绪衰竭和去个性化维度上的问题较严重。由于现行的教师评价与学生分数和升学率挂钩，教师评价的主体单一化。作为评价主体的教师却没有真正参与进来，并存在形形色色的各种考核、检查、评比等量化管理，加剧了教师的心理负担和压力。因此，学校组织要建立多元化的教师评价体系，注重评价过程民主化和公平性，尊重教师在评价中的主体地位，减少非必要的评估检查和考核达标，促进教师对工作的积极性，提升对工作的满意度。[2]

（二）鼓动教师参与学校决策的范围

让教师参与学校决策是学校组织对教师管理的一种激励方式。本研究结果分析得出，缺乏教师参与学校决策和管理是造成教师职业倦怠的主要因素之一。教师参加学校组织决策过程及各级管理工作时，可以与学校管理者处于平等的地位研究和讨论组织中的重大问题，这让教师体验到自己的利益

---

[1] 王大军. 河南省中小学教师职业倦怠的现状及成因分析[J]. 郑州大学学报（医学版），2015，50（1）：110-114.

[2] 望红玉，王自洁. 教师多元化评价体系的构建与探讨[J]. 教育教学论坛，2021（8）：31-34.

与学校组织的发展紧密联系，从而对学校组织产生责任感和归属感，这不仅提升教师对工作的积极性和公平感，还会提升教师的个人成就感和工作满意度，有助于缓解教师职业倦怠感。

（三）学校加强教师专业发展和心理健康的培训

本研究结果显示，大专及以下学历的中小学教师和任中小学班主任职务的教师在情绪衰竭维度上的得分最高。这表明教师的专业能力不足和处理心理问题的不合理性会导致职业倦怠感。学校组织对教师进行知识、技能和心理健康的培训，有助于提高教师工作胜任力，从而降低教师职业倦怠。因此，学校组织应注重教师职前和职后的培训，创造有利于提升教师专业知识和技能的资源，组织各种教学和学术交流活动、加强网络建设来扩展教师的专业视野；注重教师职业心理健康和压力管理的培训，通过各种心理咨询服务和组织心理讲座来增强教师应对压力的能力，这样会有效避免职业倦怠感。[1]

三、教师个体层面

（一）教师要提升个人的专业素养

本研究结果分析得出，教育教学的改革是引发教师压力的重要因素之一。目前正在推进的新课程改革理念对中小学教师提出了更高的要求。[2]由于部分教师自身专业能力并不高以及不能很好地适应教育的变化，在工作中出现了压力，进而产生了职业倦怠。所以，提升教师专业素养也是克服工作倦怠的良好措施。因此，教师一方面应有效利用校内外优质资源，加强自己的专业知识和技能，积极参加各种师资培训以及教学和学术交流活动，提高自己的专业素养；另一方面，应树立终身学习的理念，利用各种网络平台，通过文字形式输出教学过程中发生的有趣故事和个人思考及交流心得。这样可以远离职业倦怠。

---

[1] 姜春美. 创新培训模式，促进乡村教师专业发展——农村义务教育教师教学技能培训项目的探索 [J]. 齐鲁师范学院学报，2018, 33（4）：32–37.

[2] 杨俊生，王磊. 新课改背景下教师心理压力来源统计分析 [J]. 教学与管理，2015（9）：57–60.

（二）教师要主动寻求社会支持

社会支持是指教师从家庭成员、同事，社会组织那里所能获得的各方面的支持和帮助。研究表明，社会支持与职业倦怠之间存在相关关系，即职业倦怠感随着教师社会支持利用度的增加而减少。[①]所以，教师存在倦怠心理时，来自同事、朋友和亲属的支持和帮助可以减轻工作压力，有效避免倦怠感。因此，教师应主动争取家人和同事的支持，创建良好的亲密关系，积极参与教师经验座谈会，深化同事之间的交往；压力和职业倦怠感严重时，主动寻求专业心理咨询师的帮助来针对性地治疗，可以有效地预防职业倦怠的产生。

（三）教师要学会应对压力，自我调节

教师职业本身的特殊性，身心疲惫难以避免。因此，对于教师个体来说，学会自我调节是必要的。管理压力最好的解决方法是锻炼身体。锻炼身体可以缓解心理压力，并有助于身心健康。因而教师可以培养锻炼身体的习惯，如有氧健身、散步、慢跑等。放松锻炼也是管理压力的方法之一。放松有多种方式，如正念冥想、定期休假等。经常进行正念冥想的人不太容易出现职业倦怠的状况，因为他们可以更好地应对工作压力。教师还要掌握其他调控情绪的方法，及时调整自己的认知心态。这样能在一定程度上缓解压力，预防职业倦怠的发生。

[①] 谢正立，邓猛，李玉影，等. 融合教育教师职业压力对职业倦怠的影响：社会支持的中介作用[J]. 中国特殊教育，2021，（3）：46–52.

第五章　工作压力与中小学教师心理健康的关系：职业倦怠的中介作用

第一节　引言

一、文献综述与研究假设

（一）工作压力与心理健康的关系

心理健康是评判中小学教师心理素质的核心要素之一，[①]心理健康水平不仅影响着中小学教师的教学质量，还影响着中小学教师自身的健康水平，[②]同时对每个学生的人格、态度与品德的发展健全产生直接而深远的影响。研究表明，工作压力与职业倦怠呈正相关。[③]李超平的研究发现繁重的工作压力会影响教师的生理及心理健康，容易导致教师出现职业倦怠，最终对学生的身心发展造成不利影响。[④]随着我国基础教育改革的深化和教师专业化进程的推进，社会对教师提出越来越多、越来越高的要求，使教师面临日益严重的压力和挑战，教师职业压力问题也逐渐引起了社会各界的关注。中小学教师由于工作原因导致自己内心不愉悦，比如紧张焦虑、坐立不安、

[①]李远贵.论高校教师心理健康教育与维护［J］.西南民族大学学报（人文社科版），2004，25（11）：262-265.

[②]赵兴民.中学教师心理健康问题分析及对策［J］.中国教育学刊，2011，32（3）：23-25.

[③]BREWER E W, MCMAHAN J. Job stress and burnout among industrial and technical teacher educators［J］. Journal of Vocational Education Research，2003，28（2）：125-140.

[④]李超平，张翼.角色压力源对教师生理健康与心理健康的影响［J］.心理发展与教育，2009，25（1）：114-119.

或出现沮丧等情绪。[1]国内外的学者一直致力于探索教师的压力来源，不同研究者提出了教师的职业压力来源的不同方面。研究发现，教师常常为社会地位不高、工作的环境不如意、和同事的关系不融洽、上课时学生不配合、缺乏学习的动机、时间紧迫六个方面的问题而感到不愉快。[2]相关研究发现，教师有四种最明显的压力源：工作量大，为学生的各种不良行为感到担忧，感觉时间不够用，学生的人数过多。有研究进一步探索教师的压力来源，发现管理方面的压力包括政府对老师支持力度不够，政策常常变革让教师来不及适应，存在教师对变革信息不了解的问题；收入方面的压力是工作付出和收入不匹配，职称与教学的关联度不够；教学方面则包括学生对老师的评价，常常为学生不良行为而感到焦虑，缺乏和学生相处的时间。[3]国内研究者也根据我国的实际情况对压力来源进行了探究：教师认为工资较低，在社会中得不到尊重，将学生成绩和教师评价挂钩而焦虑，同时也为学生学习动机不高，学生之间差异较大，缺乏必要的教学设施设备而担忧。[4]邵光华和顾泠沅两位研究者将其总结为：学生因素、工作负荷、考试压力、自我发展需要、职业期望、学历职称、人际关系；[5]矫镇红认为从压力的来源看，职业期望、家长因素、工作因素、考试压力是引起职业倦怠程度加重的主要原因。[6]由此可见职业压力是影响中小学教师心理健康的重要因素，其直接影响中小学教师的心理健康。

综上所述，中小学教师工作压力与心理健康的关系一直是教育界和心理

---

[1] KYRIACOU C. Teacher stress: directions for future research [J]. Educational Review, 2001, 53（1）: 27-35.

[2] KYRIACOU C. Teacher Stress and Burnout: an International Review [J]. Educational Review, 1987, 29（2）: 146-52.

[3] TRENDALL C. Stress in teaching and teacher effectiveness: A study of teachers across mainstream and special education [J]. Educational Research, 1989, 31（1）: 52-58.

[4] 徐长江. 中学教师职业紧张及其原因的调查研究 [J]. 浙江师范大学学报（社会科学版），1998, 14（6）: 120-123.

[5] 邵光华, 顾泠沅. 关于我国青年教师压力情况的初步研究 [J]. 教育研究, 2003, 23（9）: 20-24.

[6] 矫镇红. 中小学体育教师职业压力、教学效能感与职业倦怠的调查研究 [J]. 成都体育学院学报, 2009, 35（4）: 84-87.

学界比较关注的话题。许多研究表明，中小学教师经常面临着巨大的工作压力，这可能会对其心理健康产生负面影响。但是这一关系非常复杂，涉及个体心理、社会支持、工作环境等多方面的因素。面对这种情况，学校、教育机构和学生家长都应该从多方面找到有效的解决办法，减轻教师工作压力，保障其心理健康。虽然不同的学者对教师压力来源分类有所不同，但众多的研究都表明压力会给教师的身心健康带来影响。中小学教师工作压力越大，心理健康水平越低。

（二）工作压力与职业倦怠的关系

以往众多的研究表明，工作压力是导致职业倦怠的主要原因，同样，工作压力会使人出现短期或长期的心理疲劳，进而产生职业倦怠。教师如同教练员一样，是高竞争、高压力、专业性强的职业。教师工作压力与其职业倦怠息息相关，其工作不仅要承担各种工作负荷，还要面对各种工作关系，如果付出较多而得不到相应的回报，就会产生倦怠。[1]研究表明，长期处于高职业压力水平的教师经常伴有焦虑、身体状态不佳等感受，进而出现职业倦怠情绪、产生离职意向等负面结果。[2]

（三）职业倦怠与心理健康的关系

影响心理健康的另一重要因素为职业倦怠。职业倦怠表现为情绪衰竭、低个人成就感、去个性化三种特征。[3]情绪衰竭是个体所承受压力的反应，表现为长期持续性压力状态下工作热情完全丧失，情绪情感处于极度疲劳状态。低个人成就感是个体对自我的评估，集中在对自我价值和工作的评价与感受降低，长期的低工作成就感会降低工作动机并丧失工作热情。去个性化反映的是个体对他人的态度和评价，表现出对他人冷漠、无耐心，甚至对服务对象表现出消极否定、愤怒或对抗的情绪。教师是职业倦怠的高发人群，

---

[1] 李薇，朱健文. 竞技运动教练员职业压力、职业承诺与职业倦怠的关系［J］. 体育学刊，2019，26（3）：65-71.

[2] LIU S, ONWUEGBUZIE A J. Chinese teachers' work stress and their turnover intention［J］. International Journal of Educational Research，2012，53：160-170.

[3] MASLACH C, SCHAUFELI W B, LEITER M P, et al. Job burnout［J］. Annual Review of Psychology，2001，52（1）：397-422.

丘碧群认为教师心理健康状况与职业倦怠存在高度正相关，教师心理健康水平受到职业倦怠的影响，职业倦怠通过心理健康症状表现出来。[①]

有研究表明，在中小学及高等院校从事教学工作的教师均面临不同程度的职业倦怠，值得一提的是，他们的教学热情正在逐渐消退。另一项研究还发现，相较男性教师，女性教师更容易感到倦怠。[②]目前，中小学教师男女比例正逐渐失调，男性教师的数量正在减少，因此，中小学教师群体的职业倦怠越来越严重。当个体焦虑或抑郁情绪较高时，会对周围事物失去兴趣，对工作和生活都出现消极倦怠的感觉，并严重影响躯体健康，导致主观感不幸福。

综上所述，当中小学教师在工作中投入了大量的时间、精力和社会关系却得不到应有的回报时，就会对工作产生负面情绪，长此以往，他们便会消极等待结果，职业倦怠就此产生。如果中小学教师长期处在情感的极度疲劳中，他们逐渐就会失去对工作的热情，表现出对学生的消极否定和对抗，中小学教师的身心健康会受到不利的影响。

可见，中小学教师职业倦怠与其心理健康具有关联性。中小学教师的工作环境、工作任务和工作压力与其他职业相比具有独特性，因此他们经常承受着较高的心理压力。这些压力可能导致教师出现心理疲劳、情绪波动、焦虑、抑郁等负面情绪，进而产生职业倦怠。职业倦怠表现为对工作的冷漠、缺乏动力、工作效率低下等。如果长期处于这种状态下，可能会影响教师的工作表现和教育质量，甚至会引发教师的离职。因此，应该重视中小学教师的心理健康问题，要对其提供必要的心理支持和帮助。这包括提供心理咨询服务、提供培训和支持、改善工作环境、减轻工作压力等。同时，教师也可以通过学习应对压力的技巧，如放松训练、时间管理、情绪调节等，缓解心理压力，从而避免职业倦怠的发生。因此，本研究基于前文的文献梳理及研究结果，提出如下研究假设。

[①]丘碧群. 中学教师职业倦怠与心理健康的相关研究［J］. 中国健康心理学杂志，2009，17（5）：561-56.

[②]KAYA O. Inclusion and burnout：Examining general education teachers' experiences in Turkey. Doctoral dissertation. Indiana：Indiana University，2008.

假设1：通过工作压力直接预测中小学教师心理健康。

假设2：职业倦怠在工作压力与中小学教师心理健康之间起中介作用。

二、研究目的及意义

（一）研究目的

本研究对中小学教师的工作压力、职业倦怠和心理健康状况进行调查研究，探讨在中小学教师群体中，职业倦怠在工作压力与心理健康的中介效应中是否显著。

（二）研究意义

1. 理论意义

本研究厘清工作压力、职业倦怠和心理健康之间的关系，验证工作压力对中小学教师心理健康的预测作用，以及职业倦怠在工作压力与中小学教师心理健康之间的中介作用。

2. 实践意义

本研究探讨中小学教师工作压力与心理健康的关系，为促进中小学教师心理健康提供实证依据。

第二节　调查对象与方法

一、调查对象

本研究采用方便取样的方法从辽宁省抽取535名中小学教师为调查对象，进行了问卷调查，回收有效问卷507份。其中，男性教师131人，女性教师376人；具有1~3年教龄教师106人，4~6年教龄教师56人，7~8年教龄教师94人，19~30年教龄教师160人，30年以上教龄教师91人。二级以下教师65人，二级教师112人，一级教师189人，副高级教师139人，正高级教师2人。

二、研究工具

（一）中小学教师工作压力问卷

中小学教师工作压力的测量采用《中小学教师工作压力问卷》。该量表由石林（2005年）编制而成。[①]中小学教师职业压力问卷共设置36道题目，分为8个维度：教育教学改革（12、13），如学校实行聘任制，同事间竞争更加激烈；学生（15、16、27、28、29、30），如学生出问题担心学校归咎于教师；学校管理（1、2、3、6、14、17、18、19），如领导随机听课；工作特征（4、5、7、8、9、10），如制作课件使教学难度和工作量增加；职业发展（11、24、25、26），如缺少能够满足自身需要的进修学习机会；身心特征（20、21、22、23），如身体健康状况不良；家庭（35、36），如家中有老、弱、病、残者，我感到有压力；社会（31、32、33、34），如社会对教师的要求越来越高，但福利待遇并没有相应的提高。问卷采用Likert5级评价方法，"1"代表"没有压力"，"2"代表"压力较小"，"3"代表"压力中等"，"4"代表"压力较大"，"5"代表"压力很大"。得分越高说明受访对象承受的工作压力越大。关于《中小学教师工作压力问卷》信度检验，本研究采用克伦巴赫系数检验，本次测量中小学教师工作压力问卷的克伦巴赫系数为0.948。

（二）教师职业倦怠问卷

本研究职业倦怠的测量采用《教师职业倦怠问卷》，其由迪金斯等人（2001年）编制而成，[②]后来田瑾等人对教师职业倦怠量表（MBI—ES）进行了修订。[③]该问卷经过修订以后更适合调查中国教师的职业倦怠。该量表共22个项目，包括3个维度，分别是情绪衰竭、低个人成就感、非人性化。

[①] 石林，程俊玲，邓从真，刘丽.中小学教师工作压力问卷的编制［J］.教育理论与实践，2005，25（10）：37–39.

[②] MASLACH C，SHAUFELI W B，LEITER M P. Job burnout［J］. Annual Review of Psychology，2001，52（1）：397–422.

[③] 田瑾，毛亚庆，熊华夏.变革型领导对教师职业倦怠的影响：社会情感能力和幸福感的链式中介作用［J］.心理发展与教育，2021，37（5）：743–751.

情绪衰竭（1~8题），如对工作感觉到有挫折感；低个人成就感（9~16题），如只要努力就能得到好的结果；非人性化（17~22题），如从事这项工作后，我觉得对人变得更冷淡，其中9~16为反向题。量表采用Likert5评价方法，以"1"代表"从未如此"，"2"代表"很少如此"，"3"代表"一般"，"4"代表"有时如此"，"5"代表"经常如此"，量表总分越高，表示中小学教师职业倦怠越严重。信度检验采用克伦巴赫系数检验，本次测量《教师职业倦怠问卷》的克伦巴赫系数为0.951。

（三）一般健康问卷

中小学教师心理健康问题的评估采用李艺敏（2015）修订的《一般健康问卷（GHQ—12）》。[①]该问卷共包括12个项目，采用Likert 4级记分，从"从不"计1分到"经常"计4分，得分范围在12~48分之间，得分越高表示心理健康水平越低。该问卷的克伦巴赫系数为0.71。

三、数据处理

本研究采用SPSS26.0对数据进行统计处理，首先进行相关分析和回归分析，在此基础上采用SPSS宏程序PROCESS（Hayes，2013年）进行中介效应检验。

第三节　研究结果与分析

一、共同方法偏差检验

共同方法偏差属于系统误差的一种，它会影响研究的有效性。考虑到本研究采用问卷调查法进行研究数据的采集，可能会影响研究结果，因此本研究进行共同方法偏差检验。在本研究中采用Harman单因子检验法进行共同

[①] 李艺敏，李永鑫. 12题项一般健康问卷（GHQ-12）结构的多样本分析［J］. 心理学探新，2015，35（4）：355-359.

方法偏差检验，Harman 单因素检验将工作压力、职业倦怠和心理健康所有题目纳入分析，结果显示有1个因子特征根值>1，且第1个因子解释变异率为33.87%，不存在严重共同方法偏差问题。

二、相关性检验

为了检验中小学教师工作压力、职业倦怠和心理健康的相关性，本研究采用皮尔逊相关检验，结果见表5-1。

表5-1 各变量的平均数、标准差和相关系数（n=507）

变量	M	SD	1	2	3
1. 工作压力	2.80	0.78	—		
2. 职业倦怠	3.16	0.41	0.48**	—	
3. 心理健康	2.72	0.36	0.37**	0.45**	—

注：**在 0.01 级别（双尾），相关性显著。

由表5-1可知，中小学教师工作压力平均值为2.80，职业倦怠平均值为3.16，心理健康平均值为3.72，工作压力与职业倦怠相关系数为0.48。这说明，中小学教师工作压力与他们的职业倦怠呈现显著正相关。工作压力与心理健康相关系数为0.45，这说明中小学教师工作压力与心理不健康程度呈现显著正相关；职业倦怠与心理健康相关系数为0.37，这说明中小学教师的职业倦怠与心理不健康程度呈现显著正相关。

三、回归结果与分析

为了检验社会支持的中介效应是否显著，本研究采用 Hayes（2012年）编制的 SPSS 中的 Mode 4，[1]在控制性别、教龄、职称的情况下对中介模型进行检验。研究结果见表5-2。

---

[1] HAYES，ANDREW F. Introduction to Mediation，Moderation，and Conditional Process Analysis：A Regression—Based Approach［M］. New York，NY：The Guilford Press，2013.

表5-2　中小学教师工作压力、职业倦怠对心理健康的回归（$n=507$）

结果变量	预测变量	β	SE	t	P
心理健康	性别	0.037	0.033	1.135	0.257
	教龄	−0.001	0.019	−0.048	0.962
	职称	0.037	0.026	1.425	0.155
	工作压力	0.091	0.020	4.513	0.000
	职业倦怠	0.307	0.040	7.786	0.000

由表5-2可知，人口统计学变量中性别、教龄和职称对中小学教师的心理不健康水平并不能产生影响（$P>0.05$）。工作压力对中小学教师心理不健康水平具有正向预测作用（$P<0.05$），β值达到0.091，这说明，中小学教师工作压力越大，心理健康水平越低。职业倦怠对中小学教师心理不健康具有正向预测作用（$P<0.05$），β值为0.307，这说明，中小学教师职业倦怠水平越高，他们的心理健康越不理想。

四、中介效应检验

为了验证职业倦怠在中小学教师工作压力与心理健康之间的中介效应是否显著，本研究采用bootstrap进行中介效应检验，结果如图5-1、表5-3所示。

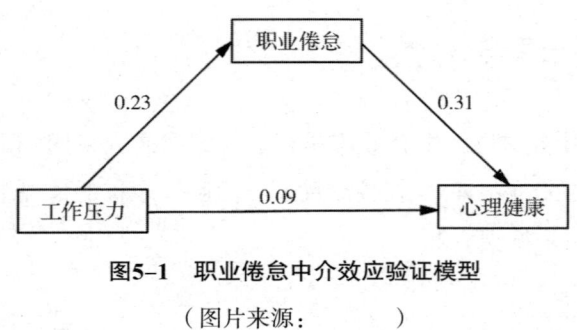

图5-1　职业倦怠中介效应验证模型

（图片来源：　　　　）

表5-3 职业倦怠中介效应检验结果

影响路径	效果量	效应值	95%置信区间 下限	上限
工作压力→心理健康的总效应		0.163	0.126	0.200
工作压力→心理健康的直接效应	55.83%	0.091	0.051	0.131
职业倦怠的中介效应	44.17%	0.072	0.035	0.112

如表5-3所示，中小学教师的工作压力对心理健康的总效应95%置信区间下限为0.126，上限为0.200，效应值为0.163，这说明中小学教师的工作压力对心理健康的总效应显著。中小学教师的工作压力对心理健康直接效应95%置信区间下限为0.051，上限为0.131，效应值为0.091，效果量为54.83%，中小学教师的工作压力对心理健康直接效应显著。职业倦怠在中小学教师的工作压力和心理健康之间的中介效应95%置信区间下限为0.035，上限为0.112，效应值为0.035，效果量为44.17%，这说明职业倦怠在中小学教师的工作压力和心理健康之间的中介效应显著。

第四节 讨论、结论与建议

一、中小学教师职业倦怠在工作压力和心理健康之间的中介作用讨论

本研究结果显示，工作压力可以正向预测职业倦怠，说明中小学教师工作压力越大，职业倦怠越严重。这一结果与谢立正等人（2021）的研究结果一致。[1]当前，中小学部分岗位实行聘任制，教师之间面临更加激烈的竞争，中小学教师一天投入了大量的时间和精力进行备课和上课，但其晋升的渠道和途径有限，这些都会给教师带来压力。资源保护理论认为，当个体投

---

[1] 谢正立，邓猛，李玉影，等. 融合教育教师职业压力对职业倦怠的影响：社会支持的中介作用[J]. 中国特殊教育，2021（3）：46-52.

入的资源大于产出时就会产生消极懈怠的问题。[①]因此，中小学教师面临的压力越大，所带来的职业倦怠就更加严重。

本研究的结果显示，中小学教师的工作压力会直接影响他们的心理健康，这与前人的研究一致。[②]关于教师工作压力的研究是一个已经持续了几十年却依然充满生命力的课题，更重要的是对于生活在瞬息万变的、充满挑战与诱惑的世界上的中小学教师来说具有别样的意义，工作压力是影响中小学教师心理健康的一个重要因素。[③]因此，对于中小学教师来说，减轻他们的工作压力，提高其心理健康水平尤为重要。中小学教师经常面临较大的工作压力，这可能会导致他们产生职业倦怠。职业倦怠是一种常见于工作场所的负面心理状态，表现为工作疲劳、情感消沉和对工作无心或厌烦等情况。对于中小学教师而言，职业倦怠可能会影响其对教学工作的态度、行为和效率，进而影响学生的教育质量。

首先，中小学教师的工作压力是导致其职业倦怠的重要原因之一。长期面对沉重的教学压力，缺乏工作满足感和成就感，甚至还有一些不良的工作环境，都会让教师产生消极情绪和倦怠感，进而影响其工作积极性和工作表现。

其次，个人因素也会导致中小学教师职业倦怠的产生。例如，教师工作经验、性格特点、个人意愿和职业生涯规划等都可能影响其职业倦怠的程度和表现形式。

教师的职业倦怠会导致一系列的心理健康问题。例如，精神压力、身体健康问题、抑郁和情感波动等。同时，教师的职业倦怠可能会影响其工作表现、职业满意度和动机，从而影响教育生态和学生的学业成绩。要缓解中小学教师的职业倦怠并保障其心理健康，学校和教育机构可以采取一些有效的方法。例如，提高教育质量和教学支持、减轻教师的工作压力、改善工作条

[①] HOBFOLL S E. The influence of culture, community, and the nested self in the stress process: Advancing conservation of resources theory [J]. Applied Psychology, 2001, 50（3）：337-421.

[②] 吕静，赵科，杨丽宏.农村中小学教师教学效能感职业压力与积极心理健康的关系[J].中国学校卫生，2013，34（5）：522-524+527.

[③] 张海芹.中小学骨干教师职业压力心理弹性对心理健康的影响[J].中国学校卫生，2010，31（8）：941-942.

件、提供心理支持和职业发展机会等。同时，教师个人也可以采取积极的方法减轻职业倦怠并维护心理健康，例如，培养良好的工作习惯和职业行为、了解自身需要、自我管理、寻求社会支持等方法。

综上所述，对于中小学教师而言，职业倦怠是一个非常普遍且常见的现象。学校、教育机构和学生家长都应该通过提高教师的工作环境、减轻其工作压力、提供更多的心理支持等途径，来预防和缓解中小学教师的职业倦怠，保障其工作质量和心理健康。总之，中小学教师职业倦怠与心理健康之间存在着一定的关系，需要学校和教育机构的共同治理和多方合作，共同营造良好的工作氛围，保障教师的心理健康和工作质量。

二、结论

工作压力既可以直接正向预测中小学教师的心理不健康水平，又可以通过职业倦怠正向预测中小学教师的不健康心理水平。职业倦怠在工作压力与心理健康之间发挥部分中介作用。

三、建议

研究结果显示，中小学教师的工作压力不仅可以直接正向预测他们的心理不健康程度，还可以通过职业倦怠间接影响他们的心理不健康程度，因此，从源头上减轻中小学教师的工作压力变得尤为重要，在此提出如下建议。

第一，学校要建立公平的考核制度，避免不健康的恶性竞争，减少同事间的内耗。第二，明确责任划分，将教鞭归还到教师手中，要让中小学教师有管理学生的合理规则。第三，减少教师除教学外的工作，让教师专心教学，不仅有利于减轻中小学教师的工作压力，同时还可以提高教学质量。第四，对于年轻教师来说，其虽然年轻有干劲，但刚进入教育行业，存在教学经验不足等问题；对于老教师来说，其教学经验丰富，但随着时代的发展，教学设施设备更新换代，学习新设备的使用、接受新的教学理念是他们的短板。基于上述情况，建议在新老教师之间建立传帮带的工作制度，以老带新，以长补短，降低中小学教师工作难度，减轻工作压力。第五，为中小学教师提供进修机会，增加教学设施设备和教学材料，满足中小学教师提升自我的诉求，促进教师职业发展。第六，关注中小学教师的身心健康，每年安排教师进行体检，为中小学教师提供心理咨询服务，及时干预中小学教师出现的心理问题，促进教师心理健康发展。第七，对于家庭困难的教师，要及时提供必要帮助。第八，提高教师的社会地位和福利待遇，要让中小学教师的付出和回报成正比。

第六章　职业压力与中小学教师心理健康的关系：职业倦怠的中介作用和社会支持的调节作用

第一节　引言

一、文献综述与研究假设

（一）社会支持与工作压力的关系

探讨职业倦怠的中介作用有助于理解职业压力是如何对中小学教师心理健康产生影响的，但只能明晰三者之间产生影响的"过程"，却解答不了职业压力对中小学教师心理健康产生作用的条件。研究者提出了社会支持的概念，社会支持是指个体从社会关系网络（包括家庭成员、邻居、教师和同伴等）中获得的帮助。[1]社会支持作为一种有益的社会资源，对个体的发展具有积极的影响。中小学教师得到的社会支持程度不一样，他们面临的压力有所不同，中小学教师心理健康也有所不同，[2]教师面临职业压力越大，其心理健康程度越不理想，[3]但有研究表明教师得到的社会支持越高，教师越能感到幸福，压力越小，[4]因此，高职业压力的中小学教师的心理健康水平与

---

[1] RICHARD ROBERT J, CAPLAN GERALd. Support Systems and Community Mental Health: Lectures on Concept Development [J]. Contemporary Sociology, 1976, 5（2）: 156-156.

[2] 廖明英.农村中小学教师心理健康现状调查——以四川省为例 [J].教育探索, 2013（11）: 148-150.

[3] 吕静, 赵科, 杨丽宏.农村中小学教师教学效能感职业压力与积极心理健康的关系 [J].中国学校卫生, 2013, 34（5）: 522-524.

[4] 杨颖, 鲁小周, 班永飞.幼儿教师职业倦怠、社会支持与主观幸福感的关系 [J].现代预防医学, 2015, 42（4）: 660-662.

低职业压力的心理健康水平很有可能受到社会支持的调节。

综上所述,社会支持作为一种保护中小学教师免受伤害的有利因素,当他们面临工作上的压力时,可以通过与家人、朋友和其他重要对象进行交流获得支持从而减轻压力。

(二)社会支持与职业倦怠、心理健康的关系

有研究发现,社会支持可以负向预测职业倦怠,研究结果显示,如果公费师范教师的社会支持越高,那么他们的职业倦怠就越低。[1]由于社会支持可以正向影响教师的心理健康水平,刘晓明(2004年)的研究发现,不同的职业倦怠维度对心理健康具有不同的预测作用,情绪衰竭维度解释率最高,可见职业倦怠是影响教师心理健康的重要因素。[2]

综上所述,中小学教师获得的社会支持越多,他们的职业倦怠就越低,同时社会支持也会缓解他们心理不健康的程度。

(三)社会支持的调节作用

不同的教师职业倦怠的水平不同,对他们心理健康的影响程度也不一样,二者之间很有可能受到别的因素的调节,因此,本研究认为社会支持很有可能是二者之间的调节因素。在以往关于职业倦怠的研究中,社会支持大多作为中介因素,然而不同教师所面临的职业压力有所不同,职业倦怠也存在差异。同时社会支持对职业倦怠具有负向预测作用,[3]社会支持间接通过职业倦怠对心理健康水平产生影响。因此,本研究基于前文的文献梳理及研究结果,提出如下研究假设:社会支持作为调节变量在中小学教师工作压力、职业倦怠与心理健康的中介模型中起调节作用。

---

[1] 姚崇,惠琪,王媛,等.公费师范教师社会支持与职业倦怠的关系探究[J].心理与行为研究,2021,19(6):816-823.

[2] 刘晓明,王文增.中小学教师职业倦怠与心理健康的关系研究[J].中国临床心理学杂志,2004,12(4):357-361.

[3] 邓远平,罗晓,李丛.中学班主任职业压力、社会支持与离职意向关系[J].中国公共卫生,2012,28(6):804-805.

二、研究目的及意义

（一）研究目的

本研究对中小学教师的工作压力、职业倦怠和心理健康状况进行调查研究，探讨在中小学教师群体中，社会支持在工作压力、职业倦怠与心理健康之间是否发挥调节作用。

（二）研究意义

本研究探讨中小学教师工作压力与心理健康的关系，验证社会支持的调节作用，为后续干预中小学教师心理健康提供实证依据。

第二节　研究对象与方法

一、调查对象

本研究以辽宁省535名中小学教师为调查对象，得到有效问卷507份。其中男性教师131人，女性教师376人；具有1~3年教龄教师106人，4~6年教龄教师56人，7~8年教龄教师94人，19~30年教龄教师160人，30年以上教师91人；职称二级以下教师65人，二级教师112人，一级教师189人，副高级教师139人，正高级教师2人。

二、研究工具

（一）中小学教师工作压力问卷

关于中小学教师工作压力的测量，本研究采用《中小学教师工作压力问卷》。该量表由石林（2005年）编制而成，[1]分为8个维度，包括教育教学改

---

[1] 石林，程俊玲，邓从真，等.中小学教师工作压力问卷的编制［J］.教育理论与实践，2005，25（10）：37-39.

革（12、13），如学校实行聘任制、同事间竞争更加激烈；学生（15、16、27、28、29、30），如学生出问题担心学校归咎于教师；学校管理（1、2、3、6、14、17、18、19），如领导随机听课；工作特征（4、5、7、8、9、10），如制作课件使教学难度和工作量增加；职业发展（11、24、25、26），如缺少能够满足自身需要的进修学习机会；身心特征（20、21、22、23），如身体健康状况不良；家庭（35、36），如家中有老、弱、病、残者，我感到有压力；社会（31、32、33、34），如社会对教师的要求越来越高，但福利待遇并没有相应的提高。共计36道题目。采用Likert5级评价方法，"1"代表"没有压力"，"2"代表"压力较小"，"3"代表"压力中等"，"4"代表"压力较大"，"5"代表"压力很大"。得分越高说明受访对象面临的工作压力越大。关于《中小学教师工作压力问卷》信度检验，本研究采用克伦巴赫系数检验，本次测量中小学教师工作压力问卷的克伦巴赫系数为0.948。

（二）教师职业倦怠问卷

本研究职业倦怠的测量采用《教师职业倦怠问卷》，其由迪金斯等人（2001年）编制而成，[1]后来田瑾等人对教师职业倦怠量表（MBI—ES）进行了修订。[2]经过修订以后问卷更适合调查中国教师的职业倦怠。该量表包括3个维度，分别是情绪衰竭、低个人成就感、非人性化。情绪衰竭（1~8），如对工作感觉到有挫折感；低个人成就感（9~16），如只要努力就能得到好的结果；非人性化（17~22），如从事这份工作后，我觉得对人变得更冷淡；其中9~16为反向题。该量表共22个项目，采用Likert5评价方法，以"1"代表"从未如此"，"2"代表"很少如此"，"3"代表"一般"，"4"代表"有时如此"，"5"代表"经常如此"，量表总分越高，

---

[1] MASLACH C, SHAUFELI W B, LEITER M P. Job burnout. Annual Review of Psychology, 2001, 52（1）：397-422.

[2] 田瑾, 毛亚庆, 熊华夏. 变革型领导对教师职业倦怠的影响：社会情感能力和幸福感的链式中介作用[J]. 心理发展与教育, 2021, 37（5）：743-751.

表示中小学教师职业倦怠越严重。信度检验采用克伦巴赫系数检验，本次测量《教师职业倦怠问卷》的克伦巴赫系数为0.951。

（三）一般健康问卷

中小学教师心理健康问题的评估采用李艺敏（2015）修订的《一般健康问卷（GHQ—12）》。[1]该问卷共包括12个项目，采用4级记分，从"从不"计1分到"经常"计4分，得分范围在12~48分之间，得分越高表明心理健康水平越低。本次测量该问卷的克伦巴赫系数为0.71。

（四）社会支持量表

中小学教师社会支持采用领悟社会支持量表，包括家庭支持（3、4、8、11），如在我遇到问题时有些人（领导、亲戚、同事）会出现在我的身旁；朋友支持（6、7、9、12），如我的朋友们能真正地帮助我；其他支持，（1、2、5、10）。社会支持量表分为3个维度共12道题。[2]得分范围在12~48分之间，分数越高表示心理健康水平越低。本次测量领悟社会支持量表的克伦巴赫系数为0.928。

三、数据处理

本研究使用SPSS24.0对数据进行整理和分析。首先进行共同方法偏差检验；再进行描述统计与相关分析，最后检验有调节的中介模型。

---

[1]李艺敏，李永鑫.12题项一般健康问卷（GHQ-12）结构的多样本分析[J].心理学探新，2015，35（4）：355-359.

[2]汪向东，王希林，马弘.心理卫生评定量表手册.北京，中国心理卫生杂志社，1999（增订版）：131-133.

第三节 研究结果与分析

一、共同方法偏差检验

本研究采用 Harman 单因子检验法进行共同方法偏差检验，Harman 单因素检验将所有工作压力、职业倦怠、心理健康和社会支持题目纳入分析，结果显示有1个因子特征根值>1，且第1个因子解释变异率31.03%，不存在严重共同方法偏差。

二、相关性检验

表6-1 各变量的平均数、标准差和相关系数

变量	M	SD	1	2	3	4
1 工作压力	2.80	0.78	–			
2 职业倦怠	3.16	0.41	0.48**	–		
3 心理健康	2.72	0.36	0.37**	0.450**	–	
4 社会支持	3.43	0.73	–0.34**	–0.013	–0.110**	–

注：**在 0.01 级别（双尾），相关性显著。

由表6-1可知，中小学教师社会支持平均值为3.43，工作压力与社会支持相关系数为–0.34。这说明中小学教师工作压力与社会支持呈现显著负相关。社会支持与职业倦怠相关系数为–0.013，说明社会支持与中小学教师职业倦怠呈现相关不显著；社会支持与中小学教师心理健康相关系数为–0.110，说明社会支持与中小学教师心理不健康程度呈现显著负相关。

三、社会支持调节效应检验

为了检验社会支持的调节效应是否显著，本研究采用Hayes（2012年）编制的SPSS中的Mode14，[①]在控制性别、教龄、职称的情况下对有调节的中介模型进行检验。研究结果见表6–2、图6–1。

表6–2 有调节的中介模型检验

结果变量	预测变量	拟合指数 β	SE	t	系数显著性 P
心理健康	性别	0.0440	0.0320	1.373	0.170
	教龄	0.0006	0.0182	−0.031	0.980
	职称	0.0372	0.0256	−1.453	0.147
	工作压力	0.0753	0.0213	3.536	0.000
	职业倦怠	0.2210	0.0431	5.124	0.000
	社会支持	−0.0599	0.0211	−2.843	0.005
	工作压力*社会支持	−0.1512	0.0210	−5.147	0.000

由表6–2可知，人口统计学变量中性别、教龄和职称对中小学教师的心理健康水平并不能产生影响（$P>0.05$）。工作压力对中小学教师心理不健康水平具有正向预测作用（$P<0.05$），β值达到0.575，这说明中小学教师工作压力越大，心理健康水平越低。职业倦怠对中小学教师心理不健康具有正向预测作用（$P<0.05$），β值为0.221，这说明中小学教师职业倦怠水平越高，他们的心理健康越不理想。社会支持对中小学教师心理不健康水平具有负向预测作用（$P<0.05$），预测心理健康的β值为−0.060，这说明社会支持增加，中小学教师心理健康水平会随之提高。工作压力和社会支持的交互项显著负向预测职业中小学教师的心理健康水平，这说明社会支持对中介路径的后半段具有负向调节作用。

[①] HAYES, ANDREW F. Introduction to Mediation, Moderation, and Conditional Process Analysis: A Regression—Based Approach［M］. New York, NY: The Guilford Press, 2013.

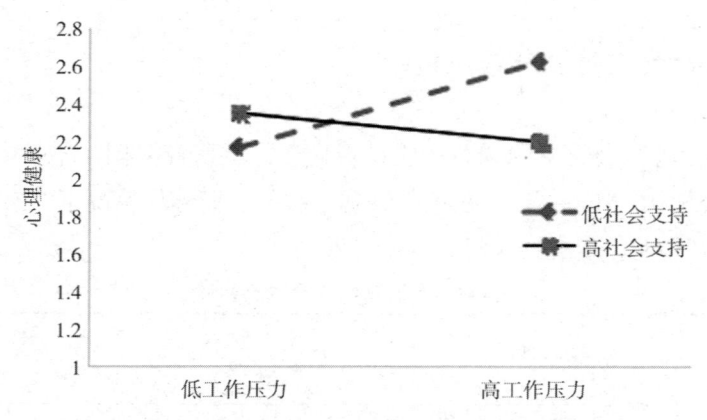

图6–1　中小学教师工作压力与职业倦怠之间的调节作用

为了检验不同水平的社会支持对中介效应的影响，本研究采用SPSS中的Mode7进行检验，结果见表6–3。

表6–3　在不同水平社会支持上的中介效应

社会支持	效应值	Boot标准误	BootCI下限	BootCI上限
−0.733	0.332	0.0391	0.255	0.409
0.000	0.221	0.0431	0.136	0.306
0.733	0.110	0.0558	0.040	0.220

根据表6–3可知，当社会支持处于较低水平时，中小学教师的社会支持在职业倦怠中介模型中的调节效应95%置信区间下限为0.255，上限为0.409，效应值为0.332，这说明社会支持在职业倦怠中介模型中的调节效应显著。当中小学教师的社会支持处于较高水平时，中小学教师的社会支持在职业倦怠中介模型中的调节效应95%置信区间下限为0.040，上限为0.220，效应值为0.110。随着社会支持的增高，职业倦怠的中介效应逐渐降低。这说明中小学教师工作压力通过职业压力正向预测心理健康受到了社会支持的负向调节。

第四节 讨论、结论与建议

一、讨论

社会支持是指个体从朋友、同事和团体组织等社会关系中获得的物质和精神支持。当个体面临工作压力时，可以通过获得社会支持减轻压力，换句话说，社会支持是个体免受伤害的保护力量。[①]前文对中小学教师职业倦怠在工作压力与心理健康之间的中介效应进行了探讨，研究结果表明，工作压力是引发中小学教师心理不健康的重要因素。在以往关于职业倦怠的研究当中，社会支持大多作为中介因素，然而不同教师所面临的职业压力有所不同，[②]职业倦怠也存在差异。因此本研究从另一个角度探讨社会支持、工作压力、职业倦怠及心理健康的关系。

研究结果表明，社会支持负向预测工作压力和心理不健康程度，这说明高社会支持的中小学教师感受到的工作压力越小，心理健康程度越高，相反，低社会支持的中小学教师会感到更多的工作压力，心理健康程度越不理想。

本研究还发现，社会支持在"工作压力→职业倦怠→心理健康"这一影响路径的前半段具有调节作用。具体来说，当社会支持水平较低时，中小学教师的工作压力对职业倦怠具有正向预测作用，且这样的预测作用随着社会支持的增长而减弱。该结果表明，因为工作压力而产生的职业倦怠存在个体差异，并且社会支持是缓解职业倦怠的保护因素，这与前人的研究结果一致，同时，高社会支持会减弱职业倦怠在工作压力与心理健康之间的中介效应。也就是说，中小学教师社会支持的提升，能够减少工作压力通过职业倦怠对其心理不健康程度的影响。社会支持本质上是一种社会互动关系，与低社会支持的中小学教师相比，高社会支持的中小学教师在和他人的互动中获得了更多的认可、理解和尊重，减少了对工作的冷漠情绪，增加了他们的工

[①] 刘晓，黄希庭. 社会支持及其对心理健康的作用机制 [J]. 心理研究，2010，3（1）：3-8.

[②] 刘晓明，王文增. 中小学教师职业倦怠与心理健康的关系研究 [J]. 中国临床心理学杂志，2004，12（4）：357-361.

作成就感，从而提高了心理健康水平。

中小学教师工作压力、职业倦怠和心理健康问题是教育领域普遍存在的现象，社会支持在其中扮演着重要的调节作用。获得家庭、同事和学生的积极支持，可以为中小学教师提供重要的情感依托和资源，有利于缓解工作压力和职业倦怠。例如，得到同事的慰藉与支持，能够减轻教师的工作压力；得到家庭的关爱和支持，能够增强教师的情感安全感和幸福感；得到学生的鼓励和认同，能够增强教师的工作满意度和自我价值感。另外，社会支持还可以为中小学教师的心理健康提供积极的影响。例如，鼓励多种自我控制策略、增强自我效能感、促进良性心理环境等，都与社会支持密切相关。

综上所述，获得社会支持可以对中小学教师工作压力、职业倦怠和心理健康问题发挥积极的调节作用。因此，学校和教育机构应该加强关注中小学教师的心理健康，提供多样化的心理支持和资源，增强社会支持的效果。同时，教师个人也应该树立积极乐观的心态，主动寻求社会支持和资源，提高自我管理和应对能力。

二、结论

社会支持主要调节"工作压力→职业倦怠→心理健康"影响路径的后半段。社会支持能够减缓通过职业倦怠对心理不健康水平的影响。

三、建议

研究结果显示，社会支持负向预测教师的心理健康，同时社会支持在职业倦怠的中介模型中具有负向调节作用。中小学教师的心理健康水平影响教学质量，影响着学生的成长。因此，在个人层面，建议教师多与亲人和朋友沟通，获得他们对自己工作的支持和理解；在学校层面，提倡以人为本，多给予教师关怀和帮助，为中小学教师提供一个健康轻松的教学环境；在社会层面，给予中小学教师更多的尊重和理解；在国家层面，完善相关政策措施，提高中小学教师待遇，为中小学教师提供更多支持。

第七章 中小学教师职业心理问题质性研究

第一节 研究目的与意义

一、研究目的

本研究通过访谈了解中小学教师的工作状态、工作压力基本情况、典型工作事件、工作与生活的平衡关系、身体健康状况、社会支持情况等,直接掌握中小学教师心理健康状况具体、真实、丰富的信息资料,旨在探索应对工作压力、缓解职业倦怠和增进心理健康的方法及策略,帮助中小学教师学会整合资源、利用资源、构建良好的社会支持系统,正确处理和解决出现的问题。

二、研究意义

同其他研究方法相比,访谈法能够对研究对象有一个更加广阔的视野,能够从更多角度去探究分析研究对象深层次的问题。根据相应的研究目的对收集到的研究资料进行系统分析,将其中与研究有关的内容提炼出来,进行深层次内涵的解释。在访谈过程中,每一位教师都在叙述一个独一无二的故事,我们看到的将不再是一个简单的分数,而是一些更加富有内涵的资料。但是我们要特别注意在与访谈对象进行交流时,一定要做到不解释、不评价、不引导,只有遵循这些原则,才能收集到更为可靠的数据资料,我们在进入教师的内心世界的时候,一定要保持"存而不论"的态度,否则就容易误导教师,使收集到的资料的可靠性大打折扣。本研究选取了人口学变量不同的中小学教师进行访谈,对访谈中的直接与间接信息进行分析,从而了解中小学教师的工作压力、职业倦怠状态与社会支持的联系及作用机制。

第二节　研究设计

一、研究对象的选取

采用方便取样的方法在辽宁省和吉林省选取小学、初中和高中三个学段的重点与非重点学校的9名教师，进行深度访谈。访谈对象的具体信息见表7-1。

表7-1　访谈教师信息表

序号	访谈对象	职称/职务	学段	学历	教龄	婚否
1	教师A	未定级	小学	本科	1	未婚
2	教师B	初级	初中	本科	2	未婚
3	教师C	二级	小学	大专	9	已婚
4	教师D	未定级	初中	硕士	1	未婚
5	教师E	一级	高中	本科	18	已婚
6	教师F	初级	高中	本科	3	未婚
7	教师G	副高	小学	大专	28	已婚
8	教师H	二级	高中	本科	6	已婚
9	教师I	一级	初中	硕士	8	已婚

二、研究程序

（一）访谈的准备工作

预访谈。研究者以中小学教师职业心理发展的影响因素及应对策略为主题，预先制定非结构化访谈提纲，均为开放性问题。对小学、初中和高中各2名教师进行预访谈，每位教师访谈时间约30分钟，征得同意后进行录音。预访谈结束后，采用以下方法对访谈提纲进行修改：①征询被访教师对访谈提纲的意见和建议；②与教育心理学方面的专家讨论完善访谈提纲；③请教各学段的教研员讨论完善访谈提纲的意见。根据上述专家的反馈建议和意见，对访谈提纲进行修订和完善，确定正式访谈提纲。访谈内容主要包括：①您最近的身体状态如何？②您对自己所从事的工作有什么样的看法？③您认为自己的工作能力如何？④谈谈您是否觉得工作有压力？请从教学改革、学生、学校管理、工作特征、职业发展、身体特征、家庭和社会八个方面谈一谈。⑤能具体谈一谈学生和学校管理方面带给您的压力吗？⑥还有其他压力吗？⑦您与家人的关系如何？⑧您与同事的关系如何？⑨工作上有哪些压力呢？

（二）访谈过程

本研究的资料收集方法为行为事件访谈法（BEI）。访谈员由研究者本人担任，使用半结构访谈提纲。正式访谈前，访谈员先进行自我介绍，同时介绍研究目的和方法及访谈资料使用范围，承诺本研究所遵循的保密原则，保证访谈资料完全匿名，以取得被访者的信任和配合，并签订访谈活动知情同意书。访谈过程采用一对一面谈形式。在访谈过程中，访谈员一般按访谈提纲的顺序进行提问，被访者逐一回答，讲述相关内容的故事，但这个程序不是固定的，可以随着被访者的谈话内容有所调整，以便收集到更多的信息补充到研究中，但不能偏离主题。另外，访谈员也可以进行追问，以深入挖掘被访者职业发展经历中的深层信息。

（三）访谈中的伦理问题

签订访谈活动知情同意书。对访谈资料中所涉及的教师姓名、学校名称等均采取隐化处理，最终形成的文本资料交由被访者阅读同意后才可作使用。访谈结束后，赠送教师礼物，表示谢意。

第三节　访谈案例呈现

一、案例一（教师A）

（一）基本信息

教师A，独生女，23岁，未婚。本科毕业以后通过考试入职家乡的一所小学，任职数学老师，教龄1年、月薪4 600元左右，家庭经济情况普通。

（二）访谈内容摘要

访谈员：您最近的身体状态如何？

教师A：每天都感觉特别烦，记忆力也下降了很多，下班回到家以后唯一的感觉就是脑袋是蒙的。

访谈员：您对自己所从事的工作有什么样的看法？

教师A：在本科上学期间其实挺憧憬当老师的，但是当我真正当上老师的时候才发现，老师这个职业跟我想象中的完全不一样。首先就是课堂纪律，如果维持不好课堂纪律，那么教学就无法进行下去，尤其是我带的学生，他们真的是太活跃了，每一次上课我都感觉跟打仗一样，需要投入极大的精力才能把这节课坚持下来。我最开始以为当老师就是把知识教给学生，可是经历了一年教学后我发现完全不是那么回事，维持课堂纪律已经消耗了我很多的精力，现在想的是能把教学任务完成就可以了。

访谈员：您认为自己的工作能力如何？

教师A：唉，我感觉自己其实很一般，我对自己的专业知识能力还是很有自信的，但是教师的工作内容并不是只需要专业知识，学校还会安排其他的工作，甚至需要一个人身兼数职，那个时候我真的快要累疯了，实在是太累了，而且工作内容都是一些琐碎的事情，既消耗精力，又没有什么价值，而且有好几次都对我的教学造成了影响，比如应付各种毫无意义的检查。

访谈员：谈谈您是否觉得工作有压力？请从教学改革、学生、学校管理、工作特征、职业发展、身体特征、家庭和社会八个方面谈一谈。

教师A：确实有很大的工作压力，其中最让我感觉压力大的问题就是学生和学校管理，其次就是有时候会感觉自己的生活一眼就望到头了，没有太大的发展前景，不过当老师有一点好处，就是比较稳定。而且我家里人对于我当老师也是非常认可的。

访谈员：能具体谈一谈学生和学校管理方面给您的压力吗？

教师A：学生方面就是学生实在是太活跃了，就感觉他们有用不完的精力，不过好像这一年龄段的孩子都这样，我也不知道该怎么处理，没有特别好的方法，只能靠大声维持课堂纪律，经常会把自己的嗓子喊哑，上一堂课就像上战场一样，冲他们发一顿火就能够好上一会儿，但是隔一会儿就又恢复原样了。最大的问题就是我带的这几个班里面有几个学生的成绩就是跟不上,每次看到他们的成绩我都能气晕过去,我也不知道该怎么办才好。在学校管理方面,很多时候我们的工作任务不仅仅是教学,还需要去处理学校安排的其他任务,最难受的就是在工作的时候还得看别人的脸色,我只希望能够让我好好上课,其他乱七八糟的事情真的是太浪费时间了,就比如学校需要什么材料安排我来写,我就得加班到半夜,导致我晚上睡不好觉,第二天工作时就会精力不足,真的是很烦。

访谈员:那还有其他压力吗?

教师A:有,就是我的家人。他们老是嫌我加班,嫌我回家太晚了,还有就是催我相亲,催我结婚。

访谈员:您与家人的关系如何?

教师A:我跟我的爸妈还是在一起生活的,跟他们相处得挺好,不过有时候也会因为催婚或加班闹得不愉快,而且他们老是把我当成个小孩子,不过我也能理解,在父母眼里我们永远都是孩子,其他的也没有什么太大的矛盾。

访谈员:您与同事的关系如何?

教师A:和同事的关系还行,就是和同一个办公室的老师聊得比较多,偶尔也会一块儿出去吃饭,和其他老师的交往就比较少。

访谈员:您在遇到不顺心的事情时,会向谁倾诉或者求助?

教师A:有些事会和同事聚在一块儿一起聊聊,吐槽一下,毕竟大家的年龄都差不多,还是有共同语言的,比如感情方面的问题,跟我父母说他们也不理解,但是和同事说,他们立刻就能感同身受。

访谈员;工作上有哪些压力呢?

教师A:工作上的压力吧,也不太方便和别人说,毕竟人多眼杂的,又是一起工作的同事,万一被有心人传开了,我会受到很大的影响。父母倒是可以说,但是又不想说,因为不想让他们担心,而且一和他们说,他们就会唠叨我半天,跟我讲大道理。

(三)访谈分析

从访谈结果中我们可以得知,教师A存在情绪衰竭现象,且成就感水平

119

也不是很高，对教师职业的认同感较以往有所降低。从她的回答中我们可以看出，她在职业发展和家庭关系两个方面也受到了一定的压力，她虽然和父母在一起生活，也相处得很好，但是在多数情况下她的很多压力并没有向父母诉说，遇到事情基本上都是自己解决。综合来看，教师A缺少诉说和排解压力的渠道，且自身也没有注意到这一情况，导致其社会支持系统很弱，最终使得职业倦怠程度不断升高。

二、案例二（教师B）

（一）基本信息

教师B，家中次女，24岁，未婚。本科毕业后通过考试进入了沈阳市区一所初中教学，任职语文老师，教龄2年，月薪5 500元左右，家庭经济较好。

（二）访谈内容摘要

访谈员：您最近的身体状态如何？

教师B：最近身体情况不是很好，经常会头疼，心情也很烦躁。

访谈员：您对自己的工作持什么态度？

教师B：教师这个职业我是真的不太喜欢，每天除了上课还要处理很多琐碎的事，当初以为考个编制，有一份稳定的工作很好，现在真的是每天都特别烦。初中生正处于叛逆期，我除了上课就是处理他们之间的各种矛盾，他们的琐事都要把我淹没了，而且教师的工资也不高，还这么多事，很多时候都想辞职，重新找工作。

访谈员：您觉得自己的工作能力怎么样？

教师B：我感觉工作能力还是可以的，不过我感觉自己很多能力都无法发挥出来，说白了，老师就是每天做着重复的事情。而且这个阶段的学生精力又很旺盛，班级里经常是很吵闹的，一句话要跟他们重复很多遍，他们才能听见，真的很烦。有的时候我都会自我怀疑，自己是不是在做无用功。

访谈员：谈谈您是否体验到工作压力？请从教学改革、学生、学校管理、工作特征、职业发展、身体特征、家庭和社会八个方面谈谈。

教师B：这些方面我感觉我都有压力，就比如说现在的学校都比较看重升学率，这就把所有的压力都压到了我们老师身上。再就是家里人都觉得我当老师挺好的，可是对我来说，我看不到前途，看不到希望，当然我不是看不起教师这个职业，教师还是很值得尊敬的，只是真的烦心事太多了，而且工资还不高，每天讲着一样的东西，面对着那些顽皮的学生，都要把我气死了。有时我都有点儿忍不住想骂他们，想打他们，但唯一能让我感到欣慰的就是他们的成绩还不错，不过明年他们就要升成毕业班了，到时候的压力将会更大，唉。

访谈员：您刚刚谈的是学生和职业发展方面的压力对吧？还能具体谈谈其他方面的压力吗？

教师B：那就谈谈教学改革。我认为现在虽然一直在改来改去，但最后不还得看学生的成绩吗？甚至改上半天，领导下来一句话，所有的事都白忙活，说实话我感觉每次的改革都是换汤不换药，最烦的就是学校发新通知的时候，学校一发通知就有好多好多的事要做。已经做教师两年了，开始的时候碰到事都很紧张焦虑，不过经过两年都习惯了，其实学校的有些东西就是应付检查的；再说教师工作特征这方面，教师这个职业最大的特点就是有着永远批不完的作业和试卷，就是无限循环，感觉好没意思，虽然学生偶尔会在节日给你整一些小惊喜，让你感动一下，但更多的时候我还是感觉太消耗精力了。提到放假，别说学生了，我都开心得要"死"。

访谈员：那么身心特征和家庭方面呢？

教师B：家庭方面吧，只要我爸妈不要催我找对象，我觉得就很好，一提到找对象这个问题我就很烦，而且我之前谈过一个，他们嫌人家家庭条件不好，不同意，闹得很不开心，没办法只能分手。再说这不马上又要期末考试了，本来就压力大，他们还天天跟我唠叨找对象这个事。我感觉他们一点儿都不理解我。

访谈员：您与家人的关系如何？

教师B：和家里人关系还可以，就是去年我强制搬出来的时候闹得挺不愉快的。我也不是说不理解他们为什么要这么做，但是他们这样真的让我不知道该如何是好，每天那么唠叨我，我真的压力很大，而且我也需要有自己的空间和时间。

访谈员：您与同事的关系如何？

教师B：我感觉同事之间的关系也还行，不过大家平时都有自己的工作要做，也就偶尔闲下来的时候会聊聊天，发泄一下自己的不满，但跟他们也只能算是普通朋友，没有特别深的交往。

访谈员：您在遇到不顺心的事情时，会向谁倾诉或者求助？

教师B：这跟谁倾诉啊，大家都有自己的事，我都是自己解决。其实我是想辞职另外找工作的，不过我家里人不同意。

访谈员：那您是否有其他朋友可以倾诉呢？

教师B：因为跟大学室友关系比较好，但是跟她们又不在同一个城市，只是偶尔通过电话倾诉一下。前面谈到的那个男朋友也可以，之前会找他倾诉，他也会想办法帮我出出主意，但是现在分手了，也就不联系了，想想就很烦。

（三）访谈分析

从访谈中我们可以得知，教师B有着较高的职业倦怠。从与她的对话过程中我们可以发现她多次想要辞职换工作，说明教师B的情绪衰竭程度是比较严重的；其次，很多事情都让教师B感到很烦、不舒服，说明教师B的成就感较低。在工作压力上，她在工作的所有维度上都感受到了极大的压力。而且其父母导致教师B和她的男朋友分手，使教师B的社会支持系统减弱，缺少排解压力的渠道，最终导致了教师B的职业倦怠程度加深。

三、案例三（教师C）

（一）基本信息

教师C，家中次女，30岁，已婚，丈夫33岁，女儿刚上幼儿园。大专毕业以后先进入了一家私企工作，后又辞去工作回到长春老家一所小学任职语文老师，教龄9年，月薪3 800左右，家庭经济情况普通。

（二）访谈内容摘要

访谈员：您最近的身体状态如何？

教师C：身体还不错，不过可能是因为坐办公室最近老是腰疼。

访谈员：您对自己的教学工作持什么态度？

教师C：对我来说都一样，当老师这么长时间了，也不说喜欢吧，但也没有不喜欢，每天就是把自己的课上完，然后批改一下作业，再把学校安排的工作做一下，没有什么特别的。

访谈员：您觉得自己的工作能力怎么样？

教师C：你要说教学的话，我觉得我还是可以的，因为我带的班的学生的成绩都不错，这也算是对我教学能力的一种反映。

访谈员：谈谈您是否体验到工作压力？请从教学改革、学生、学校管理、工作特征、职业发展、身体特征、家庭和社会八个方面谈一谈。

教师C：压力肯定是有的，没有压力就不正常了，我教学所面对的是一些小学生，他们在听话的情况下还是比较好管理的，但是他们大多数时候都是不听话的，也挺让人头疼的。上课的话其实每天工作都一样，上课之前备好课，然后批改一下作业，考试前针对性地做一下辅导，提升一下成绩。不过有一点挺头疼的，小学虽然不抓升学率，但我们学校规定了相应的考核标准，如果达不到就要扣工资。

访谈员：您这是谈的学生、学校管理，还有工作特征方面的压力吧？能再具体说说吗？

教师C：可以，在学生方面的话，我感觉还好，无非就是上课，批改作业，再抓一下成绩，我觉得我能够胜任，不会有太大的压力。

访谈员：那请问您在其他方面有压力吗？

教师C：其他方面也还行，比如教师这个职业吧，我其实挺喜欢的，我觉得自己也比较适合当老师。教师虽然工资没有很高，但是它有寒暑假啊，而且每天都在和学生打交道，让我感觉自己也变年轻了。再说我也没有什么太大的抱负，没想着要奋斗成什么样，我觉得现在这样就挺好的。

访谈员：您与家人的关系如何？能具体说说吗？

教师C：跟家人的关系，就说我老公，他的工作是开车，工资比我高。我俩是别人介绍的，当时觉得还不错就结婚了。孩子今年5岁了，都是由我们两家的老人轮流照顾，但是我和老公就是平平淡淡的，没有感觉很亲切。

访谈员：您与同事的关系如何？

教师C：我和同事的关系我觉得还不错，毕竟相处这么多年了。其中有一个是和我同一时间进入这所学校的，所以一直到现在我们的关系都很好，我们之间经常会互相帮忙，假期的时候也会一块儿出去逛街或者旅游，是我最好的姐妹。

访谈员：您在遇到不顺心的事情时，会向谁倾诉或者求助？

教师C：我都会和我的同事倾诉，因为我们遇到的烦心事其实都差不多，比如说哪个学生又捣乱了，考试成绩不理想了，学校又要课改了，都是这些琐事，偶尔也会和家里人聊一下。

访谈员：工作上的烦心事也会跟家里人说吗？能具体谈谈吗？

教师C：会，不过吧，就是没人愿意听。老公经常不在家，没法和他说，公公婆婆都把心思放在孙子身上，而跟我父母说他们不理解，所以聊得不是很多，只是简单说说。

（三）访谈分析

从访谈结果我们可以得知，教师C的职业倦怠程度不是很高，但成就感也很一般，她感觉自己的压力不是很大，谈到的压力大多数都是和学生、学校管理及课改等有关。从谈话中教师C压力小的原因可能是其对自己的发展前景没有很高的期待。其次，教师C在学校有一位很好的朋友，给予了她充足的社会支持，弥补了家庭方面的缺陷，有效缓解了教师C的工作压力，避免职业倦怠的产生。

四、案例四（教师D）

（一）基本信息

教师D，独生子，26岁，未婚。硕士研究生毕业以后进入一所中学任教，任职数学老师，教龄1年，月薪6 000左右，家庭经济状况普通。

（二）访谈内容摘要

访谈员：您最近的身体状态如何？能具体谈谈吗？

教师D：我唯一的感觉就是累，一挨枕头就能睡着，早上起床都是强逼着自己起，有时候放假了还得来学校，感觉自己像一台永动机停不下来。现在就是经常犯困，记性也不太好，有时候真的想睡着再也不醒来了。

访谈员：您对自己的教学工作持什么态度？

教师D：挺枯燥的，每天就是讲一样的东西，刚开始的时候，我还想着怎么去活跃课堂氛围，让学生更好地学习，现在完全没有那种动力了，甚至有时候我都觉得过这样的生活是为了什么，可是还得咬牙坚持。

访谈员：您觉得自己的工作能力怎么样？

教师D：说实话，我对自己的工作能力都有些怀疑了，刚开始工作的时候，我意气风发想要创造一种属于我独有的数学课模式，去提高学生们的学习效率，现在我才发现理想很丰满，现实很骨感，我现在能把日常的工作完成就不错了，已经空不出多余的精力研究学习。

访谈员：谈谈您是否体验到工作压力？请从教学改革、学生、学校管理、工作特征、职业发展、身体特征、家庭和社会八个方面谈一谈。

教师D：我只能说我的压力很大。学校领导要成绩，那么成绩谁来负责呢，只能是我们老师。学校规定的这些硬指标使我们不得不想尽办法去抓成绩，哪里还有精力去想其他。但学生就是不听话，真的很难，虽然教学改革挺好的，但说到底不就是成绩和升学率吗？每次的考核，我们都是忙得一个人当两个人使，各种各样的材料都能把我们淹没。刚来的时候是壮志酬筹，现在，唉，什么也不是，没有成绩，一切都是那么的无力。

访谈员：您刚刚谈了教学改革和学校管理方面的压力，能谈谈还有其他方面的压力吗？

教师D：还有就是职业发展，我想要去创新，展示出我的不一样，但后来发现，学校是不看过程的，领导要的是一个结果，也许我的方法是比较好，但是它短期内出不了成绩，那么领导就要找我谈话了，家长也会对我有意见，他们只看重成绩，最后没办法我也只能采用所谓出成绩的"题海战术"，成绩是出来了，但这不是我想要的，因为所学到的知识无法体现，所学的教学能力根本没有机会施展。每天就像一个陀螺一样，转就可以了，自己的辛苦所学无处施展，每天听到的就是领导口中的"升学率"，我真的不甘心一辈子就这样过下去，浪费自己的所学。

访谈员：您与家人的关系如何？

教师D：还可以，我跟我妈妈会经常通话，感觉挺幸福的。

访谈员：您与同事的关系如何？

教师D：跟同事之间的关系还不错。学校偶尔也会举办一些活动，让老师们参与，促进感情交流，但跟几个年长的老师相处就有一些困难，因为我和那些年长的老师理念不和，年龄差不多的同事都还不错，因为毕竟我们是同龄人，共同话题还是比较多的，能够聊得来。

访谈员：您在遇到不顺心的事情时，会向谁倾诉或者求助？

教师D：我一般不会找其他人聊，因为我觉得自己的事情自己处理就好了，干吗要麻烦别人呢？

访谈员：那工作的事情你会跟家里人或者朋友聊吗？请具体谈谈。

教师D：会跟我妈妈聊一些，但烦心事很少和他们说，因为不想让他们担心。最近都很少和他们通话了，一方面是因为比较忙，没有太多的精力，另一方面就是怕在他们面前忍不住说了实话，让他们担心。朋友经常会叫我出去聚聚，但我真的没有精力去，有点儿时间就只想休息。

（三）访谈分析

从访谈结果我们可以得知，教师D的职业倦怠程度较高，他主要在学校管理和教学改革等方面感受到了较大的压力，然后就是职业发展方面，也让他感受到了较大的压力，他想利用自己所学创新，但现实给了他当头一棒；其次，他虽然有很多朋友，但是他的社会支持并不高，从他的话语中没能够发现巨大的工作压力，但他选择远离各种社交，使其社会支持的利用度降低，从而使自己的工作压力无法缓解，逐渐发展成了职业倦怠。

五、案例五（教师E）

（一）基本信息

教师E，家中次子，40岁，还有一个妹妹，6年前离异，带着一个孩子。本科毕业以后被分配到一所高中，任职数学老师，教龄18年，月薪7 500左右，家庭经济状况一般。

（二）访谈内容摘要

访谈员：您最近的身体状态如何？

教师E：最近身体状况不是特别好，经常咳嗽，不过我是老烟鬼已经习惯了，最近的睡眠，质量也不是很好。

访谈员：您怎样看待自己的教学工作？能具体谈谈吗？

教师E：教师作为育人的园丁，这个职业是很神圣的，孩子们都是祖国未来的栋梁之材，我们肩负着很大的责任，所以必须要有责任心、有耐心。我年轻的时候，大家都认为当老师好，所以我就开始了我的教师生涯，不过教了这么多年的书，我能够明显地感觉到现在的学生不如以前的好教。现在的政策是要求教师要尊重学生，可是反过来学生们没有这个意识，他们不尊重你。你给他们提一些比较严格的要求，他们竟然说你专制独裁，你能想象学生的反应吗？更不要提惩罚学生了，那可是要出大事的，可是不惩罚他们，他们根本不知道自己错了，不让他们长记性，那又应该怎么管这些无法无天的孩子。

访谈员：您觉得自己的工作能力怎么样？

教师E：教师的工作能力其实完全就是以学生成绩来衡量的，数学这个科目其实就是靠刷题来提高成绩的，其他的都是空话。学生的成绩才是一切最好的证明。

访谈员：谈谈您是否体验到工作压力？请从教学改革、学生、学校管理、工作特征、职业发展、身体特征、家庭和社会八个方面谈一谈。

教师E：工作压力是不可避免的，所有的工作都一样，不过对于我来说还好，都能够处理好，不过有一点让我特别难受，那就是课改，每进行一次都让我耗费大量的精力，我都教了这么多年了，哪些方法好用，我难道不知道吗？真是不明白为什么要改，最后还不是要看学生的学习成绩。

访谈员：您刚刚谈了教学改革方面的压力，那么其他方面呢？

教师E：其他方面就是有时候学生的成绩下降了，也挺头疼的。现在的孩子没有以前的好管，家长的要求又很高，可是有些孩子就是教不会，你都快急"死"了，他还是不会，能怎么办呢？学校是有考评的，我比家长还着急，但是没办法。

访谈员：您刚刚谈的是学生方面对吧？那么学校管理、工作特征、职业发展、身心特征及家庭方面呢？

教师E：学校管理方面给我带来挺多压力的，尤其是每次考评结果出来的时候，心情瞬间就不好了，累死累活干了半天，还要扣分、扣钱，而且我是老教师了，被扣分、扣钱的面子上也过不去，这可真是压力太大了。家里也有一些事挺心烦的，年轻时工作比较多，经常加班，导致跟老婆经常吵架，时间久了矛盾不可调和，最后只好离婚。

访谈员：您与家人的关系如何？

教师E：跟家里人相处还不错。就说我儿子，他这个年龄段正是最叛逆的时候，迫切地想要自主权，什么事都不听你的，和你反着来，但其实他很孝顺，会主动帮我干活儿。再说我妈，大多数时候在我哥家住着，周末我们会一起吃顿饭，唠唠嗑。我兄弟姐妹之间关系都不错，也都在一个地方，互相之间都能照应。

访谈员：您与同事的关系如何？

教师E：我在这儿待的时间很久了，跟学校的老师都很熟悉，关系都不错，和几个领导那更是太熟了，不过和新来的老师关系就一般，毕竟相处得少。

访谈员：您在遇到不顺心的事情时，会向谁倾诉或者求助？

教师E：在这个城市生活了这么多年，朋友还是很多的，小事自己解决，要是真有什么事，找家里人和朋友聊聊天，互相帮助一下，说出来就什么事都没有了。

（三）访谈分析

从访谈结果可以得知，教师E的职业倦怠程度不高，但有些情绪衰竭症状，其压力源主要来自学生和教学改革，一是觉得现在的学生不好管理，二是对教学改革不能理解，其他的压力源主要是学校管理和家庭方面的压力。从与教师E的对话中我们可以看出，离婚对他产生了较大的影响，但是从与他后续的对话可知，教师E的社会支持利用度较高，在工作压力和职业倦怠中间起了一个良好的调节作用。

六、案例六（教师F）

（一）教师F基本信息：

教师F，独生女，30岁，未婚。本科学历，毕业以后在教育培训机构工作两年，后进入一所私立高中教学，任职英语老师，教龄3年半，月薪5 000左右，家庭经济状况较好。

（二）访谈内容摘要

访谈员：您最近的身体状态如何？

教师F：最近的状态不是很好，头疼、失眠，尤其是上个月月底抓学生的成绩，都快要给我整崩溃了。

访谈员：您怎样看待教学工作？平时是如何对待教学的呢？

教师F：教师工作说得直白一些，就是以学生的成绩为主，他们有什么不懂的就给他们补课，基础较差的就单独做一个针对性的补课，教学内容就是按照大纲的设置进行，但是有时候我也挺矛盾的，一些不断重复讲的东西，除了应对考试，我也不知道这到底有什么用。再跟你说说我讲试卷的时候，那标准答案给得你都想笑，可是你明知道不合理还得照着讲，不然学生考试时就拿不到分。

访谈员：您觉得自己的工作能力怎么样？

教师F：工作能力从我教的学生的成绩就能看出来，我带的班基本上能够保证百分之七八十的学生达到学校的要求，不过就怕学校突然整个考核评价改革或者大纲突然变了，那我就又得从头到尾调整，那我估计真的要崩溃了。

访谈员：谈谈您是否体验到工作压力？请从教学改革、学生、学校管理、工作特征、职业发展、身体特征、家庭、社会八个方面谈一谈。

教师F：我的工作压力是很大的，首先就是要抓学生的学习成绩，学生每次考核成绩都是和老师的绩效挂钩的，成绩上不去，就会扣老师的工资，你说头疼不头疼，我们的基础工资其实很低的，剩下的都是靠成绩来说话的。不过相比外面的培训机构，我觉得还是蛮不错的，至少不用你顶着大太阳去发宣传单拉生源，学校管理上还可以，没有让我感到有特别大的压力。

访谈员：那么能谈谈其他几个方面的压力体验吗？

教师F：其他方面，如在职业发展方面还是有压力的，现在每天的工作已经让我筋疲力尽了，但工资不是很理想，即便你升了职，工资能提高一点儿，可相应的工作量也加大了，我感觉我快顶不住了。最烦的就是父母催婚这个事，我每天上班就够累的了，回了家连安静的待会儿都是奢侈，他们一直跟你唠叨，还有就是他们老是让我去考一个编制，说是比较稳定。

访谈员：您与家人的关系如何？

教师F：跟家里人的关系还可以，只要不跟我唠叨，我觉得都挺好的。我下班回去只是想安静的待会儿，好好地休息一下。

访谈员：您与同事的关系如何？

教师F：跟同事的关系只能算是很普通的朋友，毕竟我们相互之间都是竞争关系，很难有要好的朋友，尤其是快要考核的时候，那办公室的氛围真的是难以形容。

访谈员：您在遇到不顺心的事情时，会向谁倾诉或者求助？

教师F：当我遇到不顺心的事，我一般都自己消化，偶尔也会和以前的好姐妹打电话诉苦。

访谈员：那么还有其他的倾诉对象吗，例如家人或者同事？

教师F：我很少和家人倾诉，每天累得回家就想睡觉，实在没有精力和他们聊天，也基本上不会和同事聊这些事情。

（三）访谈分析

由访谈结果可知，教师F的职业倦怠程度较高，她多次谈到自己的情绪快要崩溃了。在工作压力上，教师F的工作压力主要来自学生的成绩和自己的绩效，正常来说这应该是属于学校管理方面的，但教师F好像并没有意识到。从与教师F的对话中，我们可以看出教师F对于自己的职业发展没有太大的期待，其次就是教师F的家庭方面也给她带来了不少烦恼。她的家人给她增加了很多的压力，同事关系也比较紧张，导致教师F的社会支持利用度很差，而且好像高度的压力状态使得教师F对社会支持的感知能力逐渐模糊，最终导致教师F的职业倦怠程度持续升高。

七、案例七（教师G）

（一）基本信息

教师G，家中最小的女儿，有两个姐姐，51岁，已婚，有一个儿子，一个女儿。大专毕业以后被分配到一所小学，任职语文老师，教龄28年，月薪8 000左右，家庭经济情况普通。

（二）访谈内容摘要

访谈员：您最近的身体状态如何？

教师G：我身体状态还不错，不过有一些职业病，如静脉曲张，还有哮喘病，不过精神状态还是不错的。

访谈员：您对自己的教学工作持什么态度？

教师G：你看我都这个年纪了，都教多久的书了，你说我的态度是什么呢？不过话说回来，确实有一段时间挺难熬的，我刚进学校的那会儿，大家都挺羡慕我的，觉得我拿到铁饭碗了。但是到最近这几年，我真的感觉好难，可能是我进入更年期了吧，干什么事都觉得特别烦躁，不过都挺过来了，说实话我觉得我这辈子当老师值了。

访谈员：您觉得自己的工作能力怎么样？

教师G：从我带的学生的成绩来看，我的能力还算可以，虽然也有成绩差的，怎么教都不管用的，不过现在这种问题也不会给我带来什么困扰了，都看开了。

访谈员：谈谈您是否体验到工作压力？请从教学改革、学生、学校管理、工作特征、职业发展、身体特征、家庭和社会八个方面谈一谈。

教师G：对我来说没什么压力，也就是课改的时候会让我感到头疼，我都这样教一辈子了，你让我怎么改？再说了，我还能教多久啊。

访谈员：您是说现在已经没有什么工作压力了吗？

教师G：基本上没有，不过在学生方面还是有一些的，现在的学生上课太吵了，跟以前不一样，不主动听课，现在都得你喊着他们听课，不喊不行的，我总不能看着他们的成绩下滑吧？有时候他们吵得我都感觉耳朵快要聋了。我带得还好一些，那些年轻老师可就累多了。

访谈员：您与家人的关系如何？

教师G：跟家人的关系很不错，挺幸福的，我也快退休了，儿子在市里，女儿在厦门成家了，就是离得有些远，不太放心她。她经常会给我打电话，假期也会带我孙子来找我，街坊邻居都挺羡慕我有这么好的女儿。我现在就是比较关心我儿子的终身大事。

访谈员：您与同事的关系如何？

教师G：跟同事的关系相当不错，我这种岁数的老师在学校那可是一块宝，年轻老师经常跟我请教，让我传授他们教学经验，就是之前一起的几个老师都退休了，心里感觉有点儿空荡荡的。

访谈员：您在遇到不顺心的事情时，会向谁倾诉或者求助？

教师G：偶尔跟老朋友打牌的时候会说说，也没什么特别的事。

（三）访谈分析

由访谈结果我们可以得知，教师G的职业倦怠程度不高，但她曾经也有职业倦怠较高的情况。教师G认为自己并没有什么压力，虽然在学生和教学改革上有一些头疼，但她现在的关注点都是儿子的婚姻，并没有给她造成很大的影响。从访谈对话中，我们还能发现教师G的社会支持系统是很强大的。

八、案例八（教师H）

（一）基本信息

教师H，独生女，39岁，结婚10年，有一个女儿。本科学历，毕业后被分配到一所中学工作了5年，后辞职，进入一教育集团旗下的中学，任职物理老师，教龄6年，月薪4 000左右，家庭经济良好。

（二）访谈内容摘要

访谈员：您最近的身体状态如何？

教师H：身体状态没什么不舒服的，就偶尔会感觉比较累。

访谈员：您对自己的教学工作持什么态度？

教师H：在我看来教育事业是一个极具创造性的职业，在我的教学过程中我一直都在做一件事,那就是使我的课堂富有创造性、富有激情,并用一双伯乐的眼睛去发现每一个学生的优点。我是非常看重我的工作的,虽然偶尔孩子们会很淘气,很难管理,但是这不就是教师的意义所在吗?

访谈员:您觉得自己的工作能力怎么样?

教师H:我个人认为我的工作能力还是可以的,要不然学校也不可能让我在这儿教这么久的书,这儿的教育理念还是很先进的,生源也比较好,相应的对教师的要求也很高。不过跟其他老师比,他们的创造力、才艺还是有很多值得我去学习的。

访谈员:谈谈您是否体验到工作压力?请从教学改革、学生、学校管理、工作特征、职业发展、身体特征、家庭和社会八个方面谈一谈。

教师H:工作压力肯定是不可避免的,先说说教学改革吧,这方面对我基本上没什么影响,因为我们这儿的理念挺先进的。学生方面我觉得不是问题,学生的问题其实恰恰是一个契机,但是需要老师能够抓住它,如果以我的能力无法处理的时候确实会有压力,但恰恰是这种压力能够督促我继续学习、进步。学校管理方面我觉得自己已经做得很不错了,挺人性化的,我就不详细说了。工作特征的话就是我感觉当老师真的是挺累的。职业发展方面我还是比较满足现状的,原来我是在一所公立中学工作的,后来辞职来到现在的学校,我挺庆幸当时做了这个决定,我老公也在这儿,我之所以来这儿也是因为受到他的影响。身心特征方面我觉得我还是很适合当老师的,因为我是比较喜欢小孩子的,虽然曾经也怀疑过自己的选择是否正确,但现在很坚定了。家庭和社会方面我感觉还好,没有什么太大压力。

访谈员:您与家人的关系如何?

教师H:我和我的家人关系都很好,我也很崇拜我的老公。跟父母的话之前有过一些不愉快,起因就是我辞职,不过现在他们也没什么意见了,看我们过得这么幸福,他们也很开心,经常会过来坐坐,聊聊天。

访谈员:您与同事的关系如何?

教师H:我们学校同事之间的关系都还行,虽然我们是竞争关系,但是我们也会互相学习,学校也很重视这方面,会组织一些活动促进我们的关系。

访谈员：您在遇到不顺心的事情时，会向谁倾诉或者求助？

教师H：我会向我的老公求助，尤其是碰到不会处理的学生问题的时候，我都会向他请教，有时候也会跟同事聊，问问他们有没有好方法。

（三）访谈分析

由访谈结果可以得知，教师H的职业倦怠程度并不高，出现过感到疲劳的情况，但是并不严重，成就感情况也比较好。在工作压力方面，教师H非常乐观，她把压力看作动力，推动着她进步。从她的回答可以看出她曾经也感到压力比较大，产生过自我怀疑，职业倦怠情况也很严重，但现在她都不认为那些还是压力了。其次，教师H的社会支持系统比较强大，她有一个良好的家庭氛围和一个能够给予她帮助的老公，跟同事之间的关系也非常好，相处得很融洽，来自不同方面的社会支持在很大程度上帮助她缓解了工作压力，降低了职业倦怠的感受。

九、案例九（教师I）

（一）基本信息

教师I，家中次子，33岁，刚结婚半年。硕士研究生毕业，在一初中任职数学老师，教龄8年，月薪5 500左右，家庭经济状况良好。

（二）访谈内容摘要

访谈员：您最近的身体状态如何？

教师I：最近状态真的很差，有点儿精神衰弱，最难受的是晚上还失眠。

访谈员：您对自己的教学工作持什么态度？

教师I：我现在一点儿都不喜欢教书，感觉自己都快要累"死"了，教师这个职业是很神圣的，可是真的让我太累了，学生要是跟你犟起来，你是真拿他们没办法，总不能动手打他们吧，完了我还得赔着笑脸去求他们好好学习。想给他们些脸色看也不行，让主任知道了，又得挨批评。可是成绩还得抓，不然就扣钱。

访谈员：您觉得自己的工作能力怎么样？

教师I：我也不知道我该如何评价自己。刚开始信心十足，带着学生们到处比赛，拿过不少奖，家长、学生都喜欢我，领导也很重视，但后来就感觉越来越累，有时候都有点儿不想干了。

访谈员：谈谈您是否体验到工作压力？请从教学改革、学生、学校管理、工作特征、职业发展、身体特征、家庭和社会八个方面谈一谈。

教师I：你也应该看出来了，我的压力挺大的。就说教学改革，改得我都晕头转向的，哪里有那么好改啊，又要课改，又要立马看成绩，都有些无语了。再说学生，都是一群小祖宗，打不得骂不得，完了他们不学习，家长还跟我要成绩，这我能怎么办？现在就这样了，只要保证明年的升学率达到要求其他的都无所谓了。唉，没法说，太累了。

访谈员：请再谈谈其他方面的压力。

教师I：说实话我觉得我当年就不应该选择这个职业，我一点儿都不适合。我老婆也不理解我，总是抱怨我，说我是工作狂，我也不想这样，但是真没办法，我现在都懒得和她争辩了。

访谈员：您与家人的关系如何？

教师I：跟我老婆的关系不是很好，不过我还是很期待我的儿子的，他在省重点读书，他就是我现在唯一的期望。

（三）访谈分析

由访谈结果可以得知，教师I的职业倦怠程度很高，成就感以前较高，但现在一直在下降。教师I感到在教学改革、学生，以及职业发展方面都有很大的压力，对自己是否适合当老师产生了怀疑。并且在访谈过程中还了解到教师I是一个独来独往的人，所有事都是自己去解决，很少麻烦别人，与同事之间的关系也不是很好，基本上都只是碰见了打个招呼，和朋友之间也很少沟通，由此我们可以看出教师I的社会支持感知和利用度很低，职业倦怠程度逐渐升高。

第四节　讨论

　　从上述的访谈案例中，我们可以发现工作压力确实会影响教师的职业倦怠程度，而社会支持是二者之间的调节变量。面对相同工作压力的情境，教师们所拥有的社会支持情况的不同会对其职业倦怠程度产生不同的影响。其次，工作压力大的个体也更容易产生职业倦怠，相对来说情况也会较严重，虽然职业倦怠和自身的性格及应对方式也有一定的关系，但工作压力大的教师会产生更多的内心冲突和消极体验，更加容易产生职业倦怠。综合访谈结果我们还能够发现，工作压力过大，可能会影响教师对社会支持的感知及利用度，而工作压力大，但是社会支持系统较强的话，就能够很好地排解和释放压力，从而避免职业倦怠。而社会支持较弱的，在工作与生活中就更容易发生矛盾与冲突，导致自己紧张和焦虑；高度的紧张会让人兴奋，对事情的注意力也就会更集中，更在意一些问题，使压力也更大，如此恶性循环，得不到缓解，就会产生更严重的职业倦怠，尤其是新任教师相较于教龄长的教师职业倦怠程度显著更高。

　　从中小学教师工作压力的状况来看，目前我国中小学教师的工作压力来源主要有教师职业发展和学生等方面，按照压力强度从高到低依次为职业发展、学生、工作特征、学校管理、教学改革、社会、家庭、身体特征，其中职业发展、学生、工作特征和学校管理的强度较高。在本研究中，学生因素位居第一位，但在西方的同类研究中，学生因素和家庭因素是排在前两位的。这种情况说明，在不同的文化环境中，教师都需要面对思维活跃、精力旺盛的青少年儿童，这种来自学生的压力是有共同性的。

　　总体来看，中小学教师的职业倦怠程度略微超过中等水平，这种情况也可能是职业倦怠程度较高的教师已经离开了教师这一职业，而且职业道德和责任感又促使教师不断地调节状态去降低职业倦怠程度。例如教师H利用自身的认知来调节压力，在情绪衰竭上程度较高，成就感也比较低下。这与国内结论大致相符。这可能是由于中小学生正处于叛逆期，再加上教师每天大量烦琐的工作且不断重复，为学生倾注大量的精力后而不被理解和珍惜，这种长时间的高投入、低反馈状况会使得老师精疲力尽，逐渐演变为情绪衰竭。而且在教学过程中，学生之间的摩擦和矛盾时有发生，且无法避免，在烦琐的工作中还需要抽出时间去解决这些问题，也会导致教师出现职业倦怠。例如教师B在访谈对话中就提到"每天上的课都一样，重复来重复去的"等情况这些，都不利于教师成就感的提升。再者中小学教师的收入并不高，却需要付出很大的精力，也更容易滋生消极情绪，使得教师对自身职业的评价降低，导致成就感明显下降。

另外，本研究结果表明，中小学教师职业倦怠中成就感低在婚姻状况上有较大差异，这可能是由于未婚的教师大多数比较年轻，更有抱负，更有冲劲，对工作和生活有着比较高的憧憬，但现实让他们的成就感较低，例如教师D想利用自己的所学去创新，却被现实狠狠地打击，他的职业倦怠也随之升高，并且由于没有结婚，受到了来自家人"催婚"的压力，且这一情况教师A、B、F都有谈到。而相对年长的教师，他们的生活工作都比较稳定，并且因为长时间的教学也已经适应了这种生活，并通过调整找到了二者的平衡点，所以成就感也相对有所提升，这一情况在较年长的教师G的访谈中有所体现。

第八章 小学教师职业心理问题干预研究

第一节 研究目的与假设

一、研究目的

本研究拟在前文研究的基础上尝试设计出一套以小学教师为实验对象，以心理支持为主要干预内容，应对工作压力、缓解职业倦怠、提升心理健康水平的干预方案，并检验其对小学教师职业心理的干预效果，为促进小学教师职业心理发展提供可借鉴的参考。

二、研究假设

本研究的干预方案能使小学教师学会利用各种社会支持应对。工作情境中的工作压力，缓解职业倦怠水平，提升心理健康水平。具体内容如下。

假设一：实验组小学教师工作压力在团体干预后有显著降低，而对照组的前后测的结果差异不显著。

假设二：实验组小学教师职业倦怠在团体干预后有显著降低，而对照组的前后测的结果差异不显著。

假设三：实验组小学教师心理健康水平在团体干预前后有显著提高，而对照组的前后测的结果差异不显著。

假设四：实验组小学教师社会支持在团体干预前后有显著提高，而对照组的前后测的结果差异不显著。

第二节 研究程序

一、研究被试

此次团体干预采取自愿报名的方式招募被试教师，选取沈阳市某小学教师，笔者对有意参与实验研究的教师进行访谈，再对符合条件并自愿参加的志愿者召开一次实验前的会议，告知本次干预活动的目的、过程，并介绍需要配合完成的心理干预实验及心理干预实验前后的问卷调查和后期回访等。主动且有意愿参与此次干预，实验的被试了解要求后统一签订知情同意书。最后，确定招募80名被试。80名被试被随机均分到实验组（40人）和对照组（40人）。参与教师保证连续参加6次团体干预活动，同时接受相关问卷的前测和后测，12名教师因各种原因未全程参与干预活动，最终68名教师的数据被采集并进行分析（实验组N=35人，对照组N=33人）。68名被试的基本情况如表8-1所示。

表8-1 被试的基本情况（n=68）

人口统计学变量		实验组（n=35）	对照组（n=33）
性别	男	5	8
	女	30	25
年龄	20～30岁	6	13
	31～40岁	12	10
	41～50岁	12	13
	51～60	5	7
教龄	1～3年	6	5
	4～6	5	4
	7～18年	7	6
	19～30年	13	14
	30年以上	4	4

续表

人口统计学变量		实验组（$n=35$）	对照组（$n=33$）
班主任	是	9	7
	否	26	26
职称	二级以下	2	3
	二级	8	9
	一级	15	9
	副高级	10	12
	正高级	0	0

二、研究工具

本干预活动所用量表与前文研究中的教师工作压力问卷、职业倦怠问卷、一般健康问卷（GHQ-12）和领悟社会支持问卷相同。

三、实验设计

本研究将被试分为实验组和对照组，并进行前后测实验设计。在实施干预前采用一般健康问卷（GHQ-12）、小学教师工作压力问卷、教师职业倦怠问卷和领悟社会支持量表对被试者进行问卷调查，再进行为期两个月（8周）的干预实验，干预结束后对每位被试者进行第二次问卷测试，对前后两次问卷进行比较分析，观察干预实验前后的工作压力变化。本次研究由工作人员按统一的规则标准进行。问卷采取匿名并当场由工作人员进行回收，为了对照每位被试第一次问卷调查与第二次问卷调查，需要被试者将自己的手机号后4位写在调查问卷上。参加6周以上干预训练并完成前测与后测的教师作为有效被试，他们的调查问卷表用来做数据分析。实验设计如表8-2。

表8-2 实验设计

分组	前测	实验处理	后测
实验组	1（Y1）	X1（实施干预方案）	1（Y2）
对照组	0（Y3）	业务培训	0（Y4）

注：X1实施本研究干预方案；"业务培训"主要进行教学方法培训。

四、研究变量及无关变量的控制

本研究的自变量为干预方法，对实验组施加因素为干预方案，对对照组施加因素为业务学习；因变量为小学教师的工作压力、职业倦怠、心理健康和社会支持。对无关变量的控制如下：活动时间固定，每周固定时间对干预组和对照组进行干预活动，每次干预活动时间约60分钟，要求被试提前安排好教育教学工作后参加活动。干预活动在固定的教室进行，要求被试在活动期间将手机调至静音或震动模式。建议实验组与对照组教师在其他时间不交流各自的活动情况。

五、数据统计处理

本研究采用社会统计学分析软件（SPSS26.0软件）对搜集到的数据进行整理、录入、统计处理。分别对数据进行描述性统计分析、独立样本t检验和配对样本t检验。

第三节 干预活动方案

一、基于工作压力的干预方案设计思路

为了探讨工作压力对小学教师心理健康的影响过程，同时验证社会支持的调节作用，本研究对小学教师进行团体辅导干预研究。采用自编的基于工作压力的团体辅导干预方案。该方案分8个主题，每个主题都是参照积极心理学的理论假设确定的。实验组进行每周一次，每次一小时的8次团体辅导后，对实验组和对照组做统一后测，再分析数据、总结研究结果。

二、干预活动的基本原理

第一，积极心理学理论。积极心理干预是指获得积极情感、付诸积极行动、培养积极认知的治疗方法或者刻意做出的活动（Lyubomirsky，Sheldon，Schkade，2005年）。[1]这与国内研究者的观点类似，积极心理教育被定义为"促进人类全面发展的积极心理品质教育"。[2]多因素积极干预的方法较多采用积极心理学团体辅导方式，如运用积极心理学取向的团体辅导对医学生主观幸福感的团体辅导干预。[3]本研究主题为教师职业心理发展，更多关注小学教师的工作压力、职业倦怠和心理健康，因此采用针对工作情境因素的积极心理团体辅导干预方案，引导小学教师以积极的心态面对工作环境、挖掘工作积极意义或者工作事务并对其进行积极赋义。

第二，认知行为疗法。认知行为疗法（Cognitive Behavioral Therapy，CBT）是通过改变错误、不合理的信念和思维模式等不良认知来消除消极情

---

[1] LYUBOMIRSKY S，SHELDON K M，SCHKADE D. Pursuing happiness：The architecture of sustainable change. Review of General Psychology，2005，9（2）：111-131.

[2] 彭凯平.积极教育与幸福指数[J].湖北教育：新班主任，2015，（3）：91-91.

[3] 梁挺，邓怡平，郑浩轩，等.积极心理学取向的团体辅导对医学生主观幸福感的干预[J].中国健康心理学杂志，2014，22（8）：1181-1183.

绪和行为反应的心理治疗方法。认知行为疗法包括埃利斯的理性情绪疗法、贝克的认知疗法和梅肯鲍姆的行为矫正技术，其中最常使用的是埃利斯的理性情绪疗法。理性情绪疗法认为，人们的情绪或行为反应（C）不是由诱发事件本身（A）直接引起的，而是由人们对该事件不正确、不合理的认知和评价（B）所引起的，因此，该理论也被称作ABC理论。该疗法的主要治疗原理是以理性治疗非理性，引导人们以合理的信念取代不合理的信念，帮助他们减少或消除影响自己的情绪障碍和行为障碍。[1]在本研究的团体干预中，主要借鉴该理论引导小学教师改变对工作组织环境中的人和事的认知和思维模式。

第三，团体动力学理论。强调团体存在的力量，关注整体，而非忽略整体专注研究个体。团体动力学理论集中在研究整体的构建、整体的发展、整体内部的人际关系、整体内部的动力、整体行为等方面。团体动力学理论对于团体心理辅导具有不可或缺的作用。[2]

第四，人际沟通理论。通过人与人之间的相互沟通，结合语言及肢体接触，使参与者领悟彼此的建议想法。人际沟通理论作为团体辅导理论基础之一，为团体辅导过程中出现的沟通交流问题提供了理论依据，更为组内领导者进行组织活动提供了思路。[3]

三、团体辅导干预活动方案

鉴于本研究团体辅导干预的对象为小学教师群体，干预的内容属于积极心理学范畴，因此采用短程团体干预活动。拟定周期为8周的团体辅导干预方案，每次具体干预活动的主题、目标和内容及程序如表8-3所示。

---

[1]张小乔.心理咨询的理论与操作[M].中国人民大学出版社，1998.
[2]屈哲莉.团体心理辅导提高特殊教育教师心理资本及职业承诺的干预研究[D].西安：陕西师范大学，2015，25-29.
[3]王静.人际沟通与交往[M].北京高等教育出版社，2012.

表8-3 教师团体辅导干预活动方案

活动主题	活动目标	问题聚焦	运用方法	活动内容及程序
第一次：做情绪的主人	第一，认识、明确情绪的概念。第二，教师通过积极认知情绪调节策略来调节工作带来的负面情绪。	从情绪入手，释放工作压力	积极认知情绪调节策略	第一，相关理论简介：简单介绍情绪的相关知识，工作压力负面情绪追溯；通过回忆工作中的压力事件或心境，变换角度或将负性情绪调节转变为积极情绪，应对工作压力。第二，挖掘典型：被试者通过举手表决选出具有代表性的事件。第三，集体讨论：列举出团队成员共有的典型案例，带组老师进行分组讨论，团队成员说出自己对压力事件的理解及解决方法。第四，中介介入：运用心理学理论以及以积极认知调节策略转变为积极情感，使团队成员学会将工作中的负面情绪通过调节策略可以改善工作压力感受。第五，总结：①通过积极认知情绪调节可以改变工作压力。②需要团队成员重新审视工作压力事件。③集体讨论总结出团队成员有效学习并使用情绪调节策略的方法。
第二次：把自己还给自己	第一，理解正念概念。第二，带领中小学教师进行正念训练。第三，引导教师通过正念训练学会将工作压力转化为工作动力	以正念训练为中介，缓解工作压力	正念减压疗法、正念认知疗法、辩证行为疗法、接纳与承诺疗法	第一，相关理论简介：介绍正念定义、起源、特征及练习要点等。第二，正念训练方式：卡巴金的正念减压疗法（MBSR）；西格尔、泰斯德的正念认知疗法（MBCT）；莱茵汉的辩证行为疗法（DBT）；斯蒂芬的接纳与承诺疗法（ACT）等。第三，训练要点：两个要点，一是觉察（感官感觉、身体感觉），二是接纳（对于觉察到的任何感受和体验，不尝试改变，认可它们）。第四，集体练习：团队成员选择自己想要尝试的正念训练方法，通过引导进行正念练习，练习后说出自己的感受。第五，中介介入：运用心理学理论以及通过正念练习为中介的释放压力的手段，使得团队成员学会通过正念练习来缓解工作压力。第六，总结：①通过正念训练明显改善工作压力。②需要团队成员通过正念练习掌握适合自己的正念练习方式。③集体讨论总结出正念练习改变工作压力感受的策略。

续表

活动主题	活动目标	问题聚焦	运用方法	活动内容及程序
第三次：我要转向新目标	第一，解构注意转移策略的定义。第二，团队成员个体注意转移策略的类型选择	将团队成员的关注点转移到积极正能量的事件上	积极心理学视域下的注意转移策略	第一，相关理论简介：介绍注意转移策略类型与策略。第二，工作压力事件的注意转移：人类的注意力是有限的，可通过转移注意缓解消极念头。第三，策略选择：被试者可以采取转移或反驳悲观的想法两种策略。第四，转移小技巧：中断并转移思维，让自己"以后再去想"和写下消极的想法。第五，中介介入：运用心理学理论及注意转移策略，使团队成员学会在遇到工作压力时产生的消极念头，利用注意转移策略应对。第六，总结：①通过注意转移策略可以改善工作压力。②需要团队成员明确注意转移策略类型的类型。
第四次：积极应对工作压力	第一，理解情绪宣泄原理。第二，通过宣泄释放工作带来的压力	释放工作压力	情绪宣泄技术	第一，相关理论简介：介绍宣泄法的由来及作用，保证团队成员安全。第二，引导团队成员使用语言宣泄技术和肢体能宣泄方法释放压力。第三，工作压力释放：团队成员进入宣泄室，充分释放工作中带来的压力和负面情绪。第四，集体讨论：释放后，组织团队成员进行集体讨论，说出释放后的自身感受。第五，中介介入：运用宣泄室实体为中介的方法相结合，使团队成员得到工作压力的充分释放。第六，总结：①通过宣泄室可以改善工作压力。②需要带组老师及团队成员时刻保证安全性

145

续表

活动主题	活动目标	问题聚焦	运用方法	活动内容及程序
第五次：学会深度放松	掌握放松训练的多种途径与方法	通过放松训练进行工作压力的调节	放松训练法	第一，相关理论简介：明确放松训练的定义及类型。 第二，放松训练方式选择：身体扫描、行动指南、腹式呼吸和渐进式肌肉放松等。 第三，训练要点：放松前的准备，集中精神在身体上（有意识地进行放松），放松后反馈。 第四，集体讨论：进行放松训练后，团队成员集体讨论，团队成员会感觉放松越有力量，越放松越能发挥出全部的潜力。 第五，中介介入：运用心理学理论以及放松训练法为中介，缓解团队成员的焦虑情绪，管理工作压力，改善睡眠。 第六，总结：①通过放松训练法可以改善工作压力。②团队成员在带组老师的指引下完成放松训练。③集体讨论总结适合团队成员的有效放松训练法。
第六次：我的解压日记	第一，明确压力日记的写作格式与要求。第二，通过日记形式重新审视工作压力。第三，在压力日记中找到答案	第一，压力及来源事件记录。第二，回忆与分析	日记疗法	第一，相关理论简介：介绍压力日记的相关概念。 第二，活动原则：尽量不要限制自己，日记疗法是一个创造性的表达，尝试每天利用5～10分钟写出当天所遇到的压力，私密的写作环境，设定写作时间和频率，自由写作，探索内心感受、分析与思考，设定目标与解决方案。 第四，好处：自我表达与情感释放，自我探寻和回顾进展，压力缓解与情绪调节，解决问题与决策，记录成长和回顾进展。 第五，中介介入：运用心理学理论以及改善工作压力感受，设定写日记为中介，自我探寻和回顾进展。 第六，总结：①日记疗法可以改善工作压力。②团队成员学会将工作压力通过日记进行记录和解决。③日记疗法可以帮助团队成员通过书写个人的压力与挑战释放压力，更加有针对性

146

续表

活动主题	活动目标	问题聚焦	运用方法	活动内容及程序
第七次：抱团打怪升级	第一，小组成员的共性压力得到解决。第二，通过辅导与咨询，大胆说出工作压力	小组心理辅导与咨询，缓解工作压力	小组辅导与咨询	第一，相关理论简介：小组心理辅导与咨询的概念及形式介绍。第二，步骤：小组心理辅导与咨询的准备阶段、创始阶段、过渡阶段、工作阶段和结束阶段。第三，注意问题：组织者明确主题及角色分配，团队成员明确参加小组心理辅导与咨询的目的与期待。第四，类型：成长性、训练性、治疗性、同构型和异构型等。第五，中介介入：运用心理学理论和小组心理辅导与咨询为中介，使团队成员通过小组心理辅导与咨询改善工作压力。第六，总结：①通过小组心理辅导与咨询可以改善工作压力。②适用面广，形式多样，花费时间短，效率高，效果容易巩固。③团队成员的努力结果大于个人努力结果
第八次：心情同盟战压力	第一，通过讨论找到适合自己的心情同盟。第二，长期同盟支撑员工，互相鼓励，缓解工作压力	建立心情同盟，长期搭档，共成同对抗工作压力	搭建心情同盟团建	第一，相关理论简介：介绍心情同盟的概念。第二，同盟建设条件：志同道合，志趣相投，同盟结成，心境相通。第三，目的：改变传统单兵作战模式，遇到工作压力或困难阻碍时成员之间相互倾诉并寻求最优解决办法，同盟力量大过个人力量。第四，中介介入：运用心理学理论，建设心情同盟，改善被试者的工作压力。第五，总结：①通过建设心情同盟可以改善工作压力。②同盟力量大于个人力量。③抓住正面情绪

147

第四节 研究结果与分析

一、实验组与对照组干预前组间差异检验

（一）干预前实验组与对照组小学教师工作压力比较

为了检验干预组和对照组的同质性，对实验组和对照组小学教师的工作压力及其各维度的前测分数进行独立样本t检验，结果见表8-4。

表8-4 干预前实验组与对照组工作压力差异比较

变量	实验组（$N=35$） M ± SD	对照组（$N=33$） M ± SD	t	p
教育教学改革	5.69 ± 1.64	5.85 ± 1.58	−0.42	>0.05
学生	18.20 ± 5.17	18.52 ± 4.63	−0.27	>0.05
学校管理	24.17 ± 6.53	24.06 ± 5.52	0.08	>0.05
工作特征	17.63 ± 4.98	18.39 ± 4.06	−0.69	>0.05
职业发展	10.60 ± 2.78	10.82 ± 2.67	−0.33	>0.05
身心特征	11.43 ± 2.99	11.27 ± 3.69	0.19	>0.05
家庭	5.91 ± 1.99	5.67 ± 1.67	0.55	>0.05
社会	12.34 ± 3.49	13.12 ± 3.09	−0.97	>0.05
工作压力总分	105.97 ± 25.66	107.70 ± 21.22	0.30	>0.05

由表8-4可以看出，实验组教师与对照组教师在教育教学改革（$t=-0.42$，$P>0.05$）、学生（$t=-0.27$，$P>0.05$）、学校管理（$t=0.08$，$P>0.05$）、工作特征（$t=-0.69$，$P>0.05$）、职业发展（$t=-0.33$，$P>0.05$）、身心特征（$t=0.19$，$P>0.05$）、家庭（$t=0.55$，$P>0.05$）和社会（$t=-0.97$，$P>0.05$）各维度及工作压力总分（$t=-0.10$，$P>0.05$）的得分上均无显著差异。这说明实验前两组教师在工作压力上具有同质性，可以进行后续对比检验。

（二）干预前实验组与对照组小学教师职业倦怠比较

为了检验干预组和对照组的同质性，对实验组和对照组小学教师的职业倦怠及其各维度的前测分数进行独立样本t检验，结果见表8-5。

表8-5　干预前实验组与对照组职业倦怠差异比较

变量	实验组（N=35） M ± SD	对照组（N=33） M ± SD	t	p
情绪衰竭	25.91 ± 5.61	25.15 ± 5.43	0.57	>0.05
低个人成就感	18.29 ± 6.02	17.61 ± 6.83	0.44	>0.05
非人性化	18.57 ± 4.14	17.33 ± 3.29	1.36	>0.05
职业倦怠总分	62.77 ± 10.80	60.09 ± 10.55	1.04	>0.05

由表8-5可以看出，实验组教师与对照组教师在情绪衰竭（t=0.57，P>0.05）、低个人成就感（t=0.44，P>0.05）和非人性化（t=1.36，P>0.05）各维度及职业倦怠总分（t=1.04，P>0.05）的得分上均无显著差异。说明实验前两组教师在职业倦怠上具有同质性，可以进行后续对比检验。

（三）干预前实验组与对照组小学教师心理健康比较

为了检验干预组和对照组的同质性，对实验组和对照组小学教师的心理健康的前测分数进行独立样本t检验，结果见表8-6。

表8-6　干预前实验组与对照组心理健康差异比较

变量	实验组（N=35） M ± SD	对照组（N=33） M ± SD	t	p
心理健康总分	33.60 ± 4.35	33.48 ± 3.60	0.12	>0.05

由表8-6可以看出，实验组教师与对照组教师在心理健康（t=0.12，P>0.05）的得分上均无显著差异。这说明前两组教师在心理健康水平上具有同质性，可以进行后续对比检验。

（四）干预前实验组与对照组小学教师社会支持比较

为了检验干预组和对照组的同质性，对实验组和对照组小学教师的社会支持及其各维度的前测分数进行独立样本t检验，结果见表8-7。

表8-7　干预前实验组与对照组社会支持差异比较

变量	实验组（N=35） M ± SD	对照组（N=33） M ± SD	t	p
家庭支持	14.57 ± 4.05	14.70 ± 4.03	−0.13	>0.05
朋友支持	14.83 ± 3.67	14.33 ± 4.02	0.53	>0.05
同事支持	13.77 ± 3.25	13.42 ± 3.52	0.42	>0.05
社会支持总分	43.17 ± 9.93	42.45 ± 10.99	0.28	>0.05

由表8-7可以看出，实验组教师与对照组教师在家庭支持（t=−0.13，P>0.05）、朋友支持（t=0.53，P>0.05）和同事支持（t=0.42，P>0.05）各维度及社会支持总分（t=0.28，P>0.05）的得分上均无显著差异。这说明实验前两组教师在社会支持水平上具有同质性，可以进行后续对比检验。

二、实验组与对照组干预后组间差异检验

（一）干预后实验组与对照组小学教师工作压力比较

通过8周的干预，对实验组教师后测和对照组教师后测的工作压力水平采用独立样本t检验进行分析，结果如表8-8。

表8-8　干预后实验组与对照组工作压力差异比较

变量	实验组（N=35） M ± SD	对照组（N=33） M ± SD	t	p
教育教学改革	5.06 ± 1.28	5.82 ± 1.57	−2.20	<0.05
学生	16.46 ± 3.62	18.45 ± 4.62	−1.99	>0.05
学校管理	21.89 ± 4.71	24.24 ± 5.26	−1.95	>0.05
工作特征	15.86 ± 3.65	18.52 ± 3.66	−2.99	<0.01
职业发展	9.37 ± 2.09	10.94 ± 2.15	−3.05	<0.01
身心特征	10.40 ± 2.44	11.24 ± 3.71	−1.11	>0.05
家庭	5.34 ± 1.41	5.61 ± 1.62	−0.72	>0.05
社会	11.37 ± 2.69	13.24 ± 2.61	−2.91	<0.01
工作压力总分	95.74 ± 18.56	108.06 ± 19.96	−2.64	<0.05

由表8-8可知，在经过 8 周干预后，在工作压力量表总分上，实验组教师的得分低于对照组教师的得分，且他们之间的差异具有统计学显著性（$P<0.05$）。在教育教学改革、工作特征、职业发展和社会四个维度上实验组学生的得分均低于对照组学生的得分，且两组学生的差异均达到统计学显著水平（$P<0.05$）。在学生、学校管理、身心特征和家庭四个维度上，实验组被试得分低于对照组教师，但差异不显著（$P>0.05$）。这表明，干预后两组教师在工作压力及部分维度上差异显著。

（二）干预后实验组与对照组小学教师职业倦怠比较

通过 8 周的干预后，对实验组教师后测和对照组教师后测的职业倦怠水平采用独立样本 t 检验进行分析，结果如表8-9。

表8-9 干预后实验组与对照组职业倦怠差异比较

变量	实验组（$N=35$） M ± SD	对照组（$N=33$） M ± SD	t	p
情绪衰竭	22.66 ± 3.69	25.39 ± 4.64	−2.70	<0.01
低个人成就感	15.31 ± 3.93	17.45 ± 6.10	−1.73	>0.05
非人性化	16.00 ± 3.20	17.27 ± 3.05	−1.68	>0.05
职业倦怠总分	53.97 ± 7.91	60.12 ± 9.84	−2.85	<0.01

由表8-9可知，在经过 8 周干预后，在职业倦怠力量表总分上，实验组教师的得分低于对照组教师的得分，且他们之间的差异具有统计学显著性（$P<0.01$）。在情绪衰竭维度方面，实验组的得分均低于对照组的得分，且两组的差异均达到统计学显著水平（$P<0.01$）。在低个人成就感和非人性化两个维度上，实验组被试得分低于对照组教师，但差异不显著（$P>0.05$）。这表明干预后两组教师在职业倦怠总分及情绪衰竭维度上差异显著。

（三）干预后实验组与对照组小学教师心理健康水平比较

通过 8 周的干预，对实验组教师后测和对照组教师后测的心理健康水平采用独立样本 t 检验进行分析，结果如表8-10。

表8-10　干预后实验组与对照组心理健康差异比较

变量	实验组（N=35） M ± SD	对照组（N=33） M ± SD	t	p
心理健康总分	31.23 ± 3.48	33.42 ± 4.02	−2.41	<0.05

由表8–10可知，在经过8周干预后，在一般健康量表总分上，实验组教师的得分低于对照组教师的得分，且他们之间的差异具有统计学显著性（P<0.01）。这表明干预后两组教师在心理健康水平上差异显著。

（四）干预后实验组与对照组小学教师社会支持比较

通过8周的干预，对实验组教师后测和对照组教师后测的社会支持水平采用独立样本t检验进行分析，结果如表8–11。

表8-11　干预后实验组与对照组社会支持差异比较

变量	实验组（N=35） M ± SD	对照组（N=33） M ± SD	t	p
家庭支持	16.29 ± 2.53	14.70 ± 4.03	1.67	>0.05
朋友支持	16.49 ± 2.21	14.30 ± 4.02	2.75	<0.01
同事支持	15.54 ± 2.38	13.42 ± 3.52	3.27	<0.01
社会支持总分	48.31 ± 6.30	42.42 ± 10.97	2.87	<0.01

由表8-11可知，在经过8周干预后，在领悟社会支持量表总分上，实验组教师的得分低于对照组教师的得分，且他们之间的差异具有统计学显著性（P<0.01）。在朋友支持和同事支持两个维度上，实验组学生的得分均低于对照组学生的得分，且两组学生的差异均达到统计学显著水平（P<0.01）。在家庭支持维度上，实验组被试得分高于对照组教师，但差异不显著（P>0.05）。这表明干预后两组教师在社会支持及部分维度上差异显著。

三、干预效果检验

（一）实验组、对照组小学教师工作压力的前测与后测差异检验

分别对实验组、对照组教师的工作压力及各个维度的前后测结果进行配对样本t检验，结果见表8-12。

结果表明，实验组教师在教育教学改革（t=4.41，P<0.001）、学生（t=3.58，P<0.01）、学校管理（t=4.92，P<0.001）、工作特征（t=4.86，P<0.001）、职业发展（t=4.57，P<0.001）、身心特征（t=6.18，P<0.001）、家庭（t=3.82，P<0.01）和社会（t=3.37，P<0.01）八个维度及工作压力总分（t=6.01，P<0.001）后测得分均低于前测得分，且差异显著。对照组教师在教育教学改革（t=1.00，P>0.05）、学生（t=1.44，P>0.05）、学校管理（t=-0.91，P>0.05）、工作特征（t=-0.68，P>0.05）、职业发展（t=-0.73，P>0.05）、身心特征（t=1.00，P>0.05）、家庭（t=1.44，P>0.05）和社会（t=-0.75，P>0.05）八个维度及工作压力总分（t=-0.64，P>0.05）的后测得分较前测得分有变化，但差异不显著。总体来说，干预活动能有效应对小学教师的工作压力。

表8-12 实验组、对照组工作压力前测与后测的比较

变量	实验组前测 (N=35) M±SD	实验组后测 (N=33) M±SD	t	p	对照组前测 (N=35) M±SD	对照组后测 (N=33) M±SD	t	p
教育教学改革	5.69±1.64	5.06±1.28	4.41	<0.001	5.85±1.58	5.82±1.57	1.00	>0.05
学生	18.20±5.17	16.46±3.62	3.58	<0.01	18.52±4.63	18.45±4.62	1.44	>0.05
学校管理	24.17±6.53	21.89±4.71	4.92	<0.001	24.06±5.52	24.24±5.26	-0.91	>0.05
工作特征	17.63±4.98	15.86±3.65	4.86	<0.001	18.39±4.06	18.51±3.66	-0.68	>0.05
职业发展	10.60±2.78	9.37±2.09	4.57	<0.001	10.82±2.67	10.94±2.15	-0.73	>0.05
身心特征	11.43±2.99	10.40±2.44	6.18	<0.001	11.27±3.69	11.24±3.71	1.00	>0.05
家庭	5.91±1.99	5.34±1.41	3.82	<0.01	5.67±1.67	5.61±1.62	1.44	>0.05
社会	12.34±3.49	11.37±2.69	3.37	<0.01	13.12±3.09	13.24±2.61	-0.75	>0.05
工作压力总分	105.97±25.66	95.74±18.56	6.01	<0.001	107.70±21.22	108.06±19.96	-0.64	>0.05

（二）实验组、对照组小学教师职业倦怠的前测与后测差异检验

分别对实验组、对照组教师的职业倦怠及各个维度的前后测结果进行配对样本t检验，结果见表8-13。

结果表明，实验组教师在情绪衰竭（$t=6.61$，$P<0.001$）、低个人成就感（$t=6.39$，$P<0.001$）和非人性化（$t=7.95$，$P<0.001$）三个维度及职业倦怠总分（$t=10.29$，$P<0.001$）后测得分均低于前测得分，且差异显著。对照组教师工作压力在情绪衰竭（$t=-0.89$，>0.05）、低个人成就感（$t=0.56$，>0.05）和非人性化（$t=0.32$，>0.05）三个维度及职业倦怠总分（$t=-0.07$，>0.05）的后测得分较前测得分有变化，但差异不显著。总体来说，干预活动能有效缓解小学教师的职业倦怠水平。

（三）实验组、对照组小学教师心理健康的前测与后测差异检验

分别对实验组、对照组教师心理健康的前后测结果进行配对样本t检验，结果见表8-14。

结果表明，实验组教师在心理健康总分（$t=5.26$，$P<0.001$）后测得分均低于前测得分，且差异显著。对照组教师工作压力在心理健康总分（$t=0.15$，$P>0.05$）的后测得分较前测得分有变化，但差异不显著。总体来说，干预活动能有效提升小学教师心理健康水平。

（四）实验组、对照组小学教师社会支持的前测与后测差异检验

分别对实验组、对照组教师的社会支持及各个维度的前后测结果进行配对样本t检验，结果见表8-15。

结果表明，实验组教师在家庭支持（$t=-5.05$，$P<0.001$）、朋友支持（$t=-4.58$，$P<0.001$）和同事支持（$t=-7.30$，$P<0.001$）三个维度及社会支持总分（$t=-6.63$，$P<0.001$）后测得分均高于前测得分，且差异显著。对照组教师工作压力在家庭支持（$t=-1.68$，$P>0.05$）、朋友支持（$t=1.00$，$P>0.05$）和同事支持（$t=-0.49$，$P>0.05$）三个维度及社会支持总分（$t=-1.17$，$P>0.05$）的后测得分较前测得分有变化，但差异不显著。总体来说，干预活动能有效提升小学教师的社会支持水平。

表8-13 实验组、对照组职业倦怠前测与后测的比较

变量	实验组前测（N=35） M±SD	实验组后测（N=33） M±SD	t	p	对照组前测（N=35） M±SD	对照组后测（N=33） M±SD	t	p
情绪衰竭	25.91±5.61	22.66±3.69	6.61	<0.001	25.15±5.43	25.39±4.64	-0.89	>0.05
低个人成就感	18.29±6.02	15.31±3.93	6.39	<0.001	17.61±6.83	17.45±6.10	0.56	>0.05
非人性化	18.57±4.14	16.00±3.20	7.95	<0.001	17.33±3.28	17.27±3.05	0.32	>0.05
职业倦怠总分	62.77±10.80	53.97±7.91	10.29	<0.001	60.09±10.55	60.12±9.84	-0.07	>0.05

表8-14 实验组、对照组心理健康前测与后测的比较

变量	实验组前测（N=35） M±SD	实验组后测（N=33） M±SD	t	p	对照组前测（N=35） M±SD	对照组后测（N=33） M±SD	t	p
心理健康总分	33.60±4.35	31.23±3.48	5.26	<0.001	33.48±3.60	33.42±4.02	0.15	>0.05

表8-15 实验组、对照组社会支持前测与后测的比较

变量	实验组前测（N=35） M±SD	实验组后测（N=33） M±SD	t	p	对照组前测（N=35） M±SD	对照组后测（N=33） M±SD	t	p
家庭支持	14.57±4.05	16.29±2.53	-5.05	<0.001	14.70±4.03	15.18±2.91	-1.68	>0.05
朋友支持	14.83±3.67	16.49±2.21	-4.58	<0.001	14.33±4.02	14.30±4.02	1.00	>0.05
同事支持	13.77±3.25	15.54±2.38	-7.30	<0.001	13.42±3.52	13.55±2.66	-0.49	>0.05
社会支持总分	43.17±9.93	48.31±630	-6.63	<0.001	42.45±10.99	43.03±8.78	-1.17	>0.05

第五节　讨论、结论与建议

一、讨论

小学教师工作压力干预实验的研究表明：干预前，实验组与对照组小学教师工作压力在前测中各维度及工作压力总分均无显著差异，说明在实验前测中两组教师具有同质性。经过为期8周的小学教师职业心理干预实验后，实验组的教师在工作压力量表总分上低于对照组教师的得分，实验组教师职业倦怠量表总分也有所降低。而对照组教师虽然呈现细微变化，但变化不是很明显。实验组和对照组最终后测得分上出现显著差异，恰恰说明小学教师职业心理干预方案实验效果显著。实验组被试的工作压力量表总分及职业倦怠量表、一般健康量表、领悟社会支持量表三个维度得分水平均具有统计学显著性意义，数据说明实验组经过干预实验后，教师的工作压力、职业倦怠和心理健康情况都得到了改善和提升，干预效果显著。

根据提前规划的干预实验方案，每次干预实验都有一个明确的主题及想要达到的预设目标，主试会让被试教师沉浸其中，与团体成员配合。经过为期8周的干预实验，被试的工作压力、职业倦怠和心理健康水平也都得到了明显改变。实验结果表明，随着每次干预实验的进行，尤其是后两周结为小组和联盟的形式，不仅改变单兵作战的形式，而且使得被试成员之间有更多的沟通。随着被试成员的交流，大家对自身经历的压力事件思考的角度也会有所转变。这样既能够帮助教师释放工作压力，又能让教师有良好的心理健康水平，而且职业倦怠也会推迟出现或者不出现。干预实验的有效性也是对减轻教师工作压力、职业倦怠和提高心理健康水平的心理干预方案的进一步验证，即证实了中小学教师工作压力与心理健康之间的关系。

教育事业的创新与发展离不开教师的努力，同时为了适应新时代教育的高质量发展要求，解决教师工作压力问题、职业倦怠问题和提高教师心理健康水平就更有必要了。因此通过本次小学教师职业心理干预，教师工作压力应对有效，职业倦怠有效减轻，心理健康水平得到了明显提升，主要有以下三点原因。

第一，干预方案的科学性和有效性。干预方案的制定是在专家组的指导与审核下完成的，兼顾科学性和有效性。立足于教育学、社会学和心理学理论基础，并配有相对的应急预案，保证被试在实验过程中的安全，并通过为期8周的干预实验，在工作压力、职业倦怠和心理健康方面都有积极的变化。

第二，干预实验的渐进性。干预实验的方案制定，考虑到团队成员的工作压力状况、心理健康水平、职业倦怠表现等多种因素，同时也兼顾工作压力来源多渠道多途径的特点，循序渐进地开展，逐渐击破工作压力，改善心理健康水平和职业倦怠状况。

第三，团队成员积极配合。团队成员与主试的完美配合，每次实验后都能够对内心的真实感受以及实验过后的改变进行交流表达，不仅体现出实验的真实性、有效性，还保障了干预实验的顺利进行。学校方面也大力提供帮助，社会、学生、家庭成员也积极配合本次实验；这些方面都保证了干预实验的有序进行。

二、结论

结论一：小学教师职业心理干预方案能有效降低小学教师的工作压力水平。
结论二：小学教师职业心理干预方案能有效降低小学教师的职业倦怠水平。
结论三：小学教师职业心理干预方案能有效提升小学教师的社会支持水平。
结论四：小学教师职业心理干预方案能有效提升小学教师的心理健康水平。

三、建议

（一）社会层面

百年大计，教育为本。在互联网+教育信息时代，社会对教师的职业要求极高，但应试教育以学生升学为主的教育理念并未完全改变，网络舆论压力等来自社会层面的压力无形之中也加大了小学教师的工作压力。因此，社会对小学教师持宽容的态度。

1. 社会各界人士应理解尊重小学教师工作

由于教师行业的性质特殊，其不同于其他行业，肩负着培养人的责任。正因为如此，社会各界人士更应该尊重理解小学教师，要正确对待小学教师，不要有过高的要求和过多的角色期待。特别是网络时代，不要过于神化或恶意捏造教师形象。

2. 提升教师社会地位

"令人羡慕"的职业与教师地位低下的现实冲突仍存在，社会对教师行业的第一印象是"令人羡慕"，但事实是中小学教师的社会地位仍然低下，工作情境"内卷"严重。因此社会应该提高教师的待遇，并且提高教师的社会地位，形成尊师爱师、崇师尚教、亲师乐教的良好社会风气。

3. 为小学教师提供基本保障

小学教师的各种社会待遇都应得到相应的保障，不仅要从体制上保障小学教师的利益，更应该遵循《中华人民共和国教师法》中国家规定的相应待遇问题，使得教师依法享有优厚待遇，这有利于小学教师长期从事教育事业。

（二）学校层面

1. 学校优化管理系统与评价标准

学校要优化管理方式、流程，做到应减则减，避免由于不完备、不成熟的学校管理系统，给教师增添额外的负担，尽量减少纵向管理层级和横向管理部门过多引起的反复工作。对教师的评价标准也应该更加多元综合，而不是片面单一地用学生成绩去评价，结合形成性评价、过程性评价与综合性评价，全面长远地去做出评价。

2. 关注教师，重视心理健康

繁重工作、升学压力、家长期待等会使得小学教师工作压力过大，心理负担过重，因此学校应该加强对小学教师的人文关怀，通过多种途径或手段，切实减轻小学教师来自工作的压力。例如，改善办公环境、打造舒适的人际社交圈、加强心理学习与辅导、减轻教学任务等。

（三）家长层面

家长同样也是教育工作中的重要一环。在教育中，无论是学校教育还是家庭教育，其都有自己的角色分工和职能。明确划分家长、学校、教师的责任，当学生出现问题或成绩不理想，不一味地将责任推给教师，不全部依靠或责备教师，而是家长与学校、教师合力负责学生的教育与成长，共同协商讨论去解决学生教育中出现的问题。

（四）小学教师层面

1. 接纳工作压力，学会减压

工作压力在现代生活中是广泛存在的，生活中、社会上、学校里的种种，都有可能成为教师的工作压力成因，也会影响教师的心理健康。压力是无法避免的，需要教师直面压力，接纳压力，学会与压力和谐相处，除工作外学会留给自己更多自由的时间。教师可以尝试通过心理手段、运动、合理规划时间，提高工作效率等方法减轻工作压力。

2. 寻求帮助

教师不是超人也不是万能的，要学会寻求多方的帮助，要学会放手。与家长之间勤沟通、与同事之间互相帮助；社会应该多包容教师，学校应提供和谐的校园环境和良好的人际社交环境。教师既要对学生负责，也要对自己负责。教师是自己身心健康的第一责任人，要学会适当缓解自己的工作压力，通过多种手段改善自己的身心健康，更好、更长远地为教育事业再奋斗。

研究启示

本研究的理论梳理与研究结果，可为教育行政管理部门、中小学校和中小学教师起到一定的启示作用。

第一，中小学教师的工作压力、职业倦怠和心理健康分别在性别、年龄、教龄、职称、学段、学校类别、是否为班主任及所教科目上均有显著差异。这提示教育行政管理部门在招聘教师时，要考虑师资力量的均衡发展。在日程管理过程中也要适当减轻教师的工作压力，采用多元评价方式，激励中小学教师努力工作，从工作任务与工作待遇分配方面出发，让中小学教师感觉到工作环境和谐、职业发展空间大，体验到被尊重、被信任的工作氛围，从政策上促进中小学教师有效应对工作压力，缓解职业倦怠，提升心理健康水平。这对建立一支稳定的、有活力的、教学水平高的中小学教师队伍非常有意义。

第二，针对中小学教师工作压力对心理健康的影响过程，即工作压力直接预测中小学教师心理健康，职业倦怠在其中起中介作用，而社会支持在二者之间起调节作用。这提示教育管理部门和中小学校要减轻中小学教师的工作压力，除正常教学外的压力源是造成影响教师职业心理发展的重要因素，如各种会议、材料、检查，以及考试排名、升学率等；同时要为中小学教师提供各种支持，允许教师自主选择教学方式、方案，并制定积极性质的激励制度，提升他们的工作热情，避免出现职业倦怠。同时，创造教师之间具有丰富人际支持的工作情境，满足中小学教师的自主感、胜任感和关联感，以提升中小学教师的心理健康水平，间接提升教育教学质量。

第三，针对基于社会支持的小学教师职业心理干预活动结果，该干预方案可帮助中小学教师有效应对工作压力，降低职业倦怠感，提升心理健康水平。这提示中小学校对教师进行职业心理健康培训时，可以采用有针对性的团体辅导干预活动，促进中小学教师的自我成长，利用社会支持，积极应对工作压力，提升心理健康水平，间接提升工作满意度。另外，这一研究结果也对中小学教师有一定的启发，各级教育管理部门和中小学校对教师职业发展所做的各种工作都是外部因素，只有内部因素被调动起来，外部因素才能与内部因素建立链接，产生作用。所以中小学教师要调整认知，正确看待工作任务，发现工作的积极意义，将工作压力转变为工作动力；积极挖掘人际支持资源，丰富自己的人际支持系统；辩证看待职业发展，积极的工作回报不是一朝一夕就能促成的，需要日积月累才能达到，因此，调整好心态，努力工作是当下最现实的。

综上所述，促进中小学教师的职业心理健康发展是教育管理部门、中小学校和中小学教师合力促成的结果。只要多方位共同努力，就能促进中小学教师以正能量的心态积极应对工作压力，有效缓解职业倦怠的影响，提升心理健康水平，间接提升教育教学质量。

参考文献

［1］教育部.中小学心理健康教育指导纲要（2012年修订）［EB/OL］.（2017-10-26）［2020-06-24］.http：//www.moe.gov.cn/srcsite/A06/s3325/201212/t20121211_145679.html

［2］靳娟娟，俞国良.教师心理健康问题与调适：角色理论视角的考量［J］.教师教育研究，2021，33（6）：45-51.

［3］张怀春.教师心理健康［M］.北京：北京大学出版社，2016.

［4］辛素飞，梁鑫，盛靓，等.我国内地教师主观幸福感的变迁（2002～2019）：横断历史研究的视角［J］.心理学报，2021，53（8）：875-889.

［5］喻晨.提升中小学教师心理健康水平，促进学生健康成长［J］.中小学心理健康教育，2021（10）：69-71.

［6］朱勇.中小学教师职业倦怠及心理健康状况——以厦门市为例［J］.中小学心理健康教育，2018（23）：14-20.

［7］王文军.教师心理健康保健与调适［M］.北京：北京教育出版社，2019.

［8］陈少华，邢强.心理学基础［M］.广州：暨南大学出版社，2017.

［9］俞国良.心理健康教育（教师用书）［M］.北京：高等教育出版社，2005.

［10］ALLPORT G W. Becoming：Basic Considerations for a Psychology of Personality［M］.Yale University Press，1960.

［11］中国大百科全书出版社.简明不列颠百科全书［M］.北京：中国大百科全书出版社，1985.

［13］林增学.心理健康结构维度的研究概述及理论构想［J］.社会科学家，2000（6）：64-68.

［14］刘华山.心理健康概念与标准的再认识［J］.心理科学，2001（4）：481-480.

[15]"我国教师职业心理健康标准及测评体系研究"课题组,李瑛,游旭群. 中国教师职业心理健康——概念与结构[C]//中国科学院中国现代化研究中心.《科学与现代化》2018年第4期(总第77期),2018:10.

[16]俞国良,曾盼盼. 教师心理健康的现状、标准与对策[C]//中国心理学会. 第九届全国心理学学术会议文摘选集,2001:187-188.

[17]孙铭钟. 教师心理健康的标准和对策[J]. 应用心理学,2003,9(1):61-64.

[18]连榕. 开启教师职业心理健康提升的新征程[J]. 教育家,2019(1):15-16.

[19]马雪玉. 高校教师心理健康与教学效能感关系[J]. 中国公共卫生,2008(1):122-123.

[20]KEYES C L. Mental illness and/or mental health? Investigating axioms of the complete state model of health[J]. Journal of Consulting and Clinical Psychology. 2005,73(3):539-548.

[21]MASLOW A H. Theory of Human Motivation[J]. Originally Published in Psychological Review,1943(50):370-396.

[22]GREENSPOON P J,SAKLOFSKE D H. Toward an integration of subjective well-being and psychopathology[J]. Social indicators research,2001,54(1):81-108.

[23]DEROGATIS L R,LIPMAN R S,COVI L. SCL-90[J]. Administration,scoring and procedures manual-I for the R (revised) version and other instruments of the Psychopathology Rating Scales Series. Chicago:Johns Hopkins University School of Medicine,1977.

[24]汪向东,王希林,马弘. 心理卫生评定量表手册[J]. 北京:中国心理卫生杂志社,1999(增订版):31-36.

[25]BRODMAN K,ERDMANN A J,LORGE I,et al. The Cornell Medical Index:an adjunct to medical interview[J]. Journal of the American Medical Association,1949,140(6):530-534.

[26]BANKS M H,CLEGG C W,JACKSON P R,et al. The use of the

general health questionnaire as an indicator of mental health in occupational studies［J］.Occupational Psychology,1980,53（3）：187-194.

［27］肖桐,邬志辉.我国农村教师心理健康状况的变迁（1991—2014）：一项横断历史研究［J］.教育科学研究,2018（8）：69-77.

［28］高丽丽,王中华.当前小学女教师情绪管理的问题与对策［J］.黑龙江教师发展学院学报,2023,42（2）：141-144.

［29］邓林园,高诗晴,王婧怡,等.新冠疫情期间中小学教师工作—家庭冲突和抑郁：有调节的中介模型［J］.心理发展与教育,2023,39（1）：121-131.

［30］赵磊磊,江玉凤,杜心月.人工智能时代教师角色焦虑的表征与纾解路径［J］.教师发展研究,2021,5（4）：32-37.

［31］段玄锋,李燕,王婧.重大疫情期间四川省特殊教育教师心理健康状况的调查研究［J］.现代特殊教育,2020（18）：12-18.

［32］马文燕,邓雪梅,李大林.加班频率对教师心理健康的影响：职业倦怠和生活满意度的链式中介作用［J］.贵州师范学院学报,2023,39（4）：77-84.

［33］罗小兰.中学教师心理健康、胜任力与工作投入关系的实证研究［J］.教育理论与实践,2015,35（25）：43-46.

［34］张庆凤,程广振.高校体育教师职业倦怠、心理健康和人格特质的相关性探析［J］.四川体育科学,2016,35（6）：64-72.

［35］郭成,杨玉洁,李振兴,等.教师自主对教师心理健康的影响：领悟社会支持的调节作用［J］.西南大学学报（自然科学版）,2017,39（6）：141-147.

［36］董志文,曹毅,侯玉波,等.社会比较与中小学教师的心理健康：职业压力与心理弹性的作用［J］.中国健康心理学杂志,2023,31（6）：876-881.

［37］张傲子,张琦,石小加,等.情绪意识对幼儿教师心理健康状态的影响［J］.中国健康心理学杂志,2022,30（1）：65-70.

［38］任闯.工作因素、家庭因素对教师职业心理健康的影响：付出—回报

165

失衡的中介作用［D］．西安：陕西师范大学，2019．

［39］于红莉．特殊教育教师心理健康状况的调查研究［D］．长春：东北师范大学，2007．

［40］徐美贞．特殊教育教师心理健康状况的调查研究［J］．中国特殊教育，2004（2）：64-67．

［41］李艺敏，李永鑫．12题项一般健康问卷（GHQ-12）结构的多样本分析［J］．心理学探新，2015，35（4）：355-359

［42］CANNON W B. Problems confronting medical investigators［J］. Science, 1941, 94（24）: 171-179.

［43］SZABO S, YOSHIDA M, FILAKOVSZKY J, et al. "Stress" is 80 Years Old: From Hans Selye Original Paper in 1936 to Recent Advaances in GI Ulceration［J］. Current Pharmaceutical Design, 2017, 23（27）: 4029-4041.

［44］SELYE H. The stress of life［M］. McGraw Hill, 1978.

［45］KYRIACOU C. Teacher stress: Directions for future research［J］. Educational Review, 2001, 53（1）: 27-35.

［46］CAPLAN R D, COBB FRENEH J R P. Job demands and worker health: Main effects and occupational differences. Nosh Research Report［C］. Washington, DC, US: DHEW Publication, 1975: 75-160.

［47］MARGOLIS B K, KROES W H. Occupational Stress and Strain［J］. Occupational Therapy in Mental Health, 1973（2）: 15-20.

［48］徐长江．工作压力系统：机制、应付与管理［J］．浙江师大学报，1999（5）：69-73．

［49］石林．工作压力的研究现状与方向［J］．心理科学，2003，26（3）：494-497．

［50］BRENNER S O, BARTELL R. The teacher stress process: A cross-cultural analysis［J］. Journal of Organizational Behavior, 1984, 5（3）: 183-195.

［51］KYRIACOU C, PRATT J. Teacher stress and psychoneurotic symptoms

[J]. British Journal of Educational Psychology, 1985, 55（1）: 61-64.

[52] BOYLE G J, BORG M G, FALZON J M, et al. A structural model of the dimension of teacher stress [J]. British Journal of Educational Psychology, 1995, 65（1）: 49-67.

[53] OLIVIER M A J, VENTER D J L. The extent and causes of stress in teachers in the George region [J]. South African Journal of Education, 2003, 23（3）: 186-192.

[54] 严军锋. 教师压力研究现状综述 [C]//中国体育科学学会运动心理学专业委员会, 中国心理学会体育运动心理学专业委员会. 第8届全国运动心理学学术会议论文汇编. 中国体育科学学会运动心理学分会, 2006: 357-362.

[55] 黄依林, 刘海燕. 教师职业压力研究综述 [J]. 教育探索, 2006（6）: 111-113.

[56] 徐富明, 申继亮, 朱从书. 教师职业压力与应对策略的研究 [J]. 中小学管理, 2002（10）: 16-17.

[57] 张淑敏. 积极组织行为学视角下的双重应激管理模式 [J]. 心理科学进展, 2012, 20（12）: 2061-2068.

[58] BRAUNSTAIN J J, TOISTER R P. Medical Applications of the Behavioral Sciences [M]. London: Year Book Medical Pub. Inc, 1981.

[59] WEISS M. Effects of Work Stress and Social Support on Information Systems Managers [J]. Mis Quarterly, 1983, 7（1）: 29-43.

[60] WILHELM P G, MATTESON M T, IVANCEVICH J M. Controlling Work Stress: Effective Human Resource and Management Strategies [J]. Academy of Management Review, 1989, 14（3）: 460.

[61] CARTWRIGHT S, COOPER C L. Managing Workplace Stress [M]. Sage Publications, Inc. 1997.

[62] KYRIACOU, CHRIS. Teacher stress and burnout: an international review [J]. Educational Research, 1987, 29（2）: 146-152.

[63] 崔岐恩，钞秋玲，张晓霞，等.中小学教师工作压力及职业枯竭状况调查[J].中国公共卫生，2011，27（2）：245-246.

[64] 石林，程俊玲，邓从真，等.中小学教师工作压力问卷的编制[J].教育理论与实践，2005（20）：37-39.

[65] 刘启珍.现阶段我国中小学教师的心理压力分析[J].湖北大学学报（哲学社会科学版），1998（4）：101-103.

[66] 李琼，张国礼，周钧.中小学教师的职业压力源研究[J].心理发展与教育，2011，27（1）：97-104.

[67] 何兰芝，苏连升，王静.中小学教师职业压力与职业倦怠的关系研究[J].沧州师范专科学校学报，2011，27（1）：73-76.

[68] 董薇，赵玉芳，彭杜宏.小学教师的职业倦怠与职业压力[J].高校保健医学研究与实践，2006，3（3）：18-21.

[69] KAHN W A. Psychological Conditions of Personal Engagement and Disengagement at Work[J]. The Academy of Management Journal，1990，33（4）：692-724.

[70] FRENCH J R P, CAPLAN R D, VAN HARRISON R. The mechanisms of job stress and strain[M]. New York：Wiley，1982.

[71] DEMEROUTI E, BAKKER AB, NACHREINER F, SCHAUFELI WB. The job demands-resources model of burnout[J]. Journal of Applied Psychology. 2001，86（3）：499-512.

[72] KARASEK R A. Job decision latitude, job demands and mental strain：Implications for job redesign[J]. Administrative Science Quarterly，1979，24（2）：285-308.

[73] LAZARUS R S, FOLKMAN S. Stress, appraisal, and coping[M]. New York：Springer Publishing Company，1984.

[74] KYRIACOU C, SUTC J. Teacher stress and satisfaction[J]. Educational Research，1979，21（2）：89-96.

[75] TELLENBACK S, BRENNER S, LOFGREN H. Teacher stress：Exploratory model building[J]. Journal of Occupational Psychology,

1983, 56（1）：19-33.

[76] DICK R, WAGNER U. Stress and strain in teaching, A structural equation approach［J］. The British Journal of Occupational Psychology, 2001, 71（2）：243-259.

[77] CICHON D J, KOFF R H. The teaching events stress inventory［C］. Paper presented at the meeting of the American Educational Research Association, Toronto, Canada. 1978.

[78] CLARK E H. An analysis of occupational stress factors as perceived by public school teachers［D］. Unpublished doctoral dissertation. Aubum University. 1981, 118-124.

[79] 朱从书，申继亮，刘加霞. 中小学教师职业压力源研究［J］. 现代中小学教育，2002（3）：50-54.

[80] 董妍，江照富，俞国良. 职业技术学校教师的职业压力、应对方式与社会支持调查［J］. 中国临床心理学杂志，2005，13（1）：60-61.

[81] 席居哲，于慧珠，黄白金，等. 教师压力问卷的编制：兼顾普教与特教教师［J］. 上海教师，2021（2）：118-127.

[82] FREUDENBERGER H J, NORTH G. Women's Burnout［M］. Garden City, New York：Doubleday, 1985.

[83] MASLACH C, SCHAUFELI W B, LEITER M P. Job Burnout［M］. Annual Review of Psychology, 2001, 52（1），397-422.

[84] 徐富明，朱从书，黄文锋. 中小学教师的职业倦怠与工作压力、自尊和控制点的关系研究［J］. 心理学探新，2005，25（1）：74-77.

[85] 徐富明，安连义，牛芳. 中小学教师职业倦怠与职业压力应对策略研究［J］. 中国学校卫生，2004（5）：569-570.

[86] 杨秀玉，杨秀梅. 教师职业倦怠解析［J］. 外国教育研究，2002，29（2）：56-60.

[87] BARBARA M. Byrne. The Maslach Burnout Inventory：Testing for factorial validity and invariance across elementary, intermediate and secondary teachers［J］. Journal of Occupational and Organizational

Psychology, 1993, 66(3): 197-212.

[88] HERBERT J FREUDENBERGER. Staff Burn-Out[J]. Journal of Social Issues, 1974, 30(1): 159-165.

[89] PINES A, ARONSON E. Career Burnout: Causes And Cures[M]. New York: Free Press, 1988.

[90] CHERNISS C. Staff burnout-Job stress in the human service[M]. California: Sage Publication, 1980.

[91] SCHAUFELI W B, MASLACH C, MAREK T. Professional burnout: Recent developments in theory and research[M]. Washington, DC: Taylor&Francis, 1993, 199-215.

[92] MASLASH C, JACKSON S E. Maslash burnout inventory manual (2nd ed.)[M]. Palo Alto, CA: Consulting Psychologists Press, 1986.

[93] 刘维良, 马庆霞. 教师职业倦怠及其与工作满意度关系的研究[C]//中国心理学会. 第九届全国心理学学术会议文摘选集, 2001: 1.

[94] 徐富明. 中小学教师的工作压力现状及其与职业倦怠的关系[J]. 中国临床心理学杂志, 2003, 11(3): 195-197.

[95] ETZION D. Moderating effect of social support on the stress-burnout relationship[J]. Journal of Applied Psychology, 1984, 69(4): 615-622.

[96] LEITER M P. Coping patterns are predictors of burnout: The function of control and escapist coping patterns[J]. Journal of Organizational Behaviour, 1991(12): 123-144.

[97] KARASEK R A. Job decision latitude, job demands and mental strain: Implications for job redesign[J]. Administrative Science Quarterly, 1979, 24(2): 285-308.

[98] FARBER BARRY A. Teacher Burnout: Assumptions, Myths, and Issues[J]. Teachers College Record: The Voice of Scholarship in Education 1984, 86(2): 321-338.

[99] 李芸, 李辉, 白新杰. 国内教师职业倦怠研究20年: 回顾和反思[J]. 中国健康心理学杂志, 2010, 18(8): 1015-1017.

［100］吴洪艳. 近十四年来普通中学教师SCL-90测查结果分析［J］. 中国临床心理学杂志, 2014, 22（4）: 702-706.

［101］伍新春, 曾玲娟. 透视教师职业倦怠［J］. 中国教师, 2003（4）: 21-22.

［102］王芳, 许燕. 中小学教师职业枯竭状况及其与社会支持的关系［J］. 心理学报, 2004, 36（5）: 568-574.

［103］胡春梅, 姜燕华. 近三十年来国内外关于教师职业倦怠的研究综述［J］. 天津市教科院学报, 2006（3）: 51-54.

［104］齐亚静, 伍新春, 胡博. 教师工作要求的分类——基于对职业倦怠和工作投入的影响研究［J］. 教育研究, 2016, 37（2）: 119-126.

［105］SCHWAB R L. Burnout in Education. In C. Maslach & S. E. Jackson （Eds.）, Maslach Burnout Inventory Manual. Palo Alto, CA: Consulting Psychologists Press, 1986, 18-22.

［106］LARWOOD L, PAJE V. Teacher Stress and Burnout in Deaf Education［J］. Academic Exchange Quarterly. 2004, 8（3）: 261-264.

［107］COSTAS N, TSOULOUPAS, RUSSELL L, et al. Barber. Exploring the association between teachers' perceived student misbehaviour and emotional exhaustion: the importance of teacher efficacy beliefs and emotion regulation［J］. Educational Psychology, 2010, 30（2）: 173-189.

［108］MASLACH C, SCHAUFELI W B, Leiter M P, et al. Job burnout［J］. Annual Review of Psychology, 2001, 52（1）: 397-422.

［109］田瑾, 毛亚庆, 熊华夏. 变革型领导对教师职业倦怠的影响: 社会情感能力和幸福感的链式中介作用［J］. 心理发展与教育, 2021, 37（5）: 743-751.

［110］王莉, 王俊刚. 中学教师职业倦怠与工作压力、社会支持的关系研究［J］. 忻州师范学院学报, 2008, 24（6）: 102-104.

［111］冉祥华. 谈中小学教师职业倦怠的成因与对策［J］. 教育探索, 2004（9）: 102-104.

［112］肖爱芝. 中小学教师职业倦怠问题研究［J］. 教学与管理, 2008

（33）：32-34.

[113] 邵来成，高峰勤. 中小学教师的职业倦怠现状及其与社会支持的关系研究[J]. 山东师范大学学报（人文社会科学版），2005，50（4）：150-153.

[114] 傅王倩，姚岩. 特岗教师的地域融入与职业倦怠的关系研究——基于全国13省的实证研究[J]. 教育学报，2018，14（2）：89-96.

[115] Jessica L G, Heather K A. School climate factors relating to Teacher burnout: A mediator model [J]. Teaching and Teacher Education, 2007, 24 (5): 1349-1363.

[116] 王昊，周奕欣，王可欣，等. 团队认同对教师人格与职业倦怠关系的跨层调节作用[J]. 中国临床心理学杂志，2015，23（4）：741-745.

[117] 临床心理学杂志，2016，24（4）：730-733.

[118] 李明军. 中小学教师工作家庭冲突、职业倦怠与生活满意度的关系[J]. 中国健康教育，2015，31（9）：830-832.

[119] 黄晋生，蔡文伯. 民族地区中小学特岗教师职业压力与职业倦怠的关系：工作满意度的中介作用[J]. 当代教师教育，2019，12（4）：67-73.

[120] YAVUZ S, DURMUS K. The Relationship between Primary School Teachers' Self-Efficacy, Autonomy, Job Satisfaction, Teacher Enaggement and Burnout: A Model Development Study [J]. International Journal of Research in Education and Science. 2019, 5 (2): 709-721.

[121] 曾玲娟，伍新春. 教师职业倦怠研究综述[J]. 辽宁教育研究，2003（11）：79-80.

[122] 刘晓明，王丽荣，金宏章，等. 职业压力影响中小学教师职业倦怠的作用机制研究[J]. 中国临床心理学杂志，2008，16（5）：537-539.

[123] SELCUK DEMIR. The Relationship between Psychological Capital and Stress, Anxiety, Burnout, Job Satisfaction, and Job Involvement [J]. Eurasian Journal of Educational Research, 2018, 75: 137-154.

[124] 姚计海，管海娟. 中小学教师情绪智力与职业倦怠的关系研究［J］. 教育学报，2013，9（3）：100-110.

[125] 郑楚楚，郭力平. 二十一世纪以来国内外教师情绪智力与教师职业倦怠关系研究的元分析［J］. 教师教育研究，2018，30（4）：114-121.

[126] 王大军. 河南省中小学教师职业倦怠的现状及成因分析［J］. 郑州大学学报（医学版），2015，50（1）：110-114.

[127] 望红玉，王自洁. 教师多元化评价体系的构建与探讨［J］. 教育教学论坛，2021（8）：31-34.

[128] 姜春美. 创新培训模式，促进乡村教师专业发展——农村义务教育教师教学技能培训项目的探索［J］. 齐鲁师范学院学报，2018，33（4）：32-37.

[129] 杨俊生，王磊. 新课改背景下教师心理压力来源统计分析［J］. 教学与管理，2015（9）：57-60.

[130] 谢正立，邓猛，李玉影，等. 融合教育教师职业压力对职业倦怠的影响：社会支持的中介作用［J］. 中国特殊教育，2021（3）：46-52.

[131] 李远贵. 论高校教师心理健康教育与维护［J］. 西南民族大学学报（人文社科版），2004，25（11）：262-265.

[132] 赵兴民. 中学教师心理健康问题分析及对策［J］. 中国教育学刊，2011，32（3）：23-25.

[133] BREWER E W，MCMAHAN J. Job stress and burnout among industrial and technical teacher educators［J］. Journal of Vocational Education Research，2003，28（2）：125-140.

[134] 李超平，张翼. 角色压力源对教师生理健康与心理健康的影响.［J］心理发展与教育，2009，25（1）：114-119.

[135] KYRIACOU C. Teacher Stress and Burnout：an International Review［J］. Educational Review，1987，29（2）：146-52.

[136] TRENDALL C. Stress in teaching and teacher effectiveness：A study of teachers across mainstream and special education［J］. Educational Research，1989，31（1）：52-58.

[137] 徐长江. 中学教师职业紧张及其原因的调查研究. [J] 浙江师范大学学报（社会科学版），1998，14（6）：120-123.

[138] 邵光华，顾泠沅. 关于我国青年教师压力情况的初步研究 [J]. 教育研究，2003，23（9）：20-24.

[139] 矫镇红. 中小学体育教师职业压力、教学效能感与职业倦怠的调查研究 [J]. 成都体育学院学报，2009，35（4）：84-87.

[140] HOBFOLL S E. The influence of culture, community, and the nested self in the stress process: Advancing conservation of resources theory [J]. Applied Psychology, 2001, 50 (3): 337-421.

[141] 李薇，朱健文. 竞技运动教练员职业压力、职业承诺与职业倦怠的关系 [J]. 体育学刊，2019，26（3）：65-71.

[142] LIU S, ONWUEGBUZIE A J. Chinese teachers' work stress and their turnover intention [J]. International Journal of Educational Research, 2012, 53: 160-170

[143] 丘碧群. 中学教师职业倦怠与心理健康的相关研究 [J]. 中国健康心理学杂志，2009，17（5）：561-56.

[144] KAYA O. Inclusion and burnout: Examining general education teachers' experiences in Turkey [D]. Doctoral dissertation. Indiana: Indiana University, 2008.

[145] HOBFOLL S E. The influence of culture, community, and the nested self in the stress process: Advancing conservation of resources theory [J]. Applied Psychology, 2001, 50 (3): 337-421.

[146] 吕静，赵科，杨丽宏. 农村中小学教师教学效能感职业压力与积极心理健康的关系 [J]. 中国学校卫生，2013，34（5）：522-524.

[147] 张海芹. 中小学骨干教师职业压力心理弹性对心理健康的影响 [J]. 中国学校卫生，2010，31（8）：941-942.

[148] RICHARD R J, CAPLAN G. Support Systems and Community Mental Health: Lectures on Concept Development [J]. Contemporary Sociology, 1976, 5 (2): 156-156.

[149] 廖明英. 农村中小学教师心理健康现状调查——以四川省为例 [J].

教育探索，2013（11）：148-150.

［150］吕静，赵科，杨丽宏.农村中小学教师教学效能感职业压力与积极心理健康的关系［J］.中国学校卫生，2013，34（5）：522-524.

［151］邱秀芳，刘兵.高校教师主观幸福感、心理健康、应对方式及其相互影响［J］.广东医学，2010，31（10）：1341-1343.

［152］杨颖，鲁小周，班永飞.幼儿教师职业倦怠、社会支持与主观幸福感的关系［J］.现代预防医学，2015，42（4）：660-662.

［153］姚崇，惠琪，王媛，等.公费师范教师社会支持与职业倦怠的关系探究［J］.心理与行为研究，2021，19（6）：816-823.

［154］刘晓明，王文增.中小学教师职业倦怠与心理健康的关系研究［J］.中国临床心理学杂志，2004，12（4）：357-361.

［155］邓远平，罗晓，李丛.中学班主任职业压力、社会支持与离职意向关系［J］.中国公共卫生，2012，28（6）：804-805.

［156］汪向东，王希林，马弘.心理卫生评定量表手册［J］.北京，中国心理卫生杂志社，1999（增订版）：116-117.

［157］刘晓，黄希庭.社会支持及其对心理健康的作用机制［J］.心理研究，2010，3（1）：3-8.

［158］LYUBOMIRSKY S，SHELDON K M，SCHKADE D. Pursuing happiness：The architecture of sustainable change［J］. Review of General Psychology，2005，9（2），111-131.

［159］彭凯平.积极教育与幸福指数［J］.湖北教育，新班主任，2015，（3）：91-91.

［160］梁挺，邓怡平，郑浩轩，等.积极心理学取向的团体辅导对医学生主观幸福感的干预［J］.中国健康心理学杂志，2014，22（8）：1181-1183.

［161］张小乔.心理咨询的理论与操作［M］.北京：中国人民大学出版社，1998.

［162］屈哲莉.团体心理辅导提高特殊教育教师心理资本及职业承诺的干预研究［D］.西安：陕西师范大学，2015.

［163］王静.人际沟通与交往［M］.北京：北京高等教育出版社，2012.

附　　录

中小学教师工作压力问卷

请您根据自己的情况在每一题目后选择最符合自己答案。其中，没有压力记1分；有点压力记2分；一般记3分；压力较大记4分；压力很大记5分。

	题目	没有压力	有点压力	一般	压力较大	压力很大
1	领导随机听课。	1	2	3	4	5
2	领导对教师进行教学质量评估。	1	2	3	4	5
3	做展示课、公开课、评优课及选拔课。	1	2	3	4	5
4	制作课件使教学难度和工作量增加。	1	2	3	4	5
5	因工作繁忙难以享受生活使我感到烦恼。	1	2	3	4	5
6	学校要求教师完成教学科研论文。	1	2	3	4	5
7	工作中琐碎繁杂事过多，使我感到心烦。	1	2	3	4	5
8	难以处理好教师的多重角色。	1	2	3	4	5
9	班级学生人数过多。	1	2	3	4	5
10	工作量大使我感到疲劳。	1	2	3	4	5
11	在工作中缺少必要的设备和教学材料。	1	2	3	4	5
12	学校实行聘任制，同事间竞争更加激烈。	1	2	3	4	5
13	教学改革对教师提出了更高更新的要求。	1	2	3	4	5
14	学校各项检查、评比、考核过多。	1	2	3	4	5

	题目	没有压力	有点压力	一般	压力较大	压力很大
15	学生出问题担心学校归咎于教师。	1	2	3	4	5
16	学生成绩不好担心学校归咎于教师。	1	2	3	4	5
17	教育、教学工作得不到校领导及相关部门应有的支持与配合。	1	2	3	4	5
18	学校中一些不合理的决策使我心情不快。	1	2	3	4	5
19	须参加的会议过多使我感到疲惫。	1	2	3	4	5
20	自我期望值高使我产生压力。	1	2	3	4	5
21	过于注重他人评价和行为使我感到紧张。	1	2	3	4	5
22	性情急躁，使我感到紧张。	1	2	3	4	5
23	身体健康状况不良	1	2	3	4	5
24	在业务上缺乏有经验教师的指导	1	2	3	4	5
25	缺少能够满足自身需要的进修学习机会	1	2	3	4	5
26	我努力工作，但工作绩效不显著。	1	2	3	4	5
27	学生听课效率不高。	1	2	3	4	5
28	学生存在上课不认真听课或课后不完成作业等学习态度不良倾向。	1	2	3	4	5
29	学生出现课堂违纪、不服管教等班级管理方面的问题。	1	2	3	4	5
30	学生个体差异大，我在教学时感到有困难。	1	2	3	4	5
31	个别学生家长素质不高，与其沟通困难。	1	2	3	4	5
32	社会地位低。	1	2	3	4	5
33	教师工作待遇低。	1	2	3	4	5
34	社会对教师的要求越来越高，但福利待遇并没有相应的提高。	1	2	3	4	5
35	因家离学校远，上班早出晚归，使我感到疲惫。	1	2	3	4	5
36	家中有老、弱、病、残者，我感到有压力。	1	2	3	4	5

教师职业倦怠问卷

这部分的题目有22道。请您将这些题目描述的情形与您的实际情况进行比较，选择符合自己情况的那一项。其中，从未如此记1分；很少如此记2分；一般记3分；有时如此记4分；经常如此记5分。

	题目	从未如此	很少如此	一般	有时如此	经常如此
1	对工作感觉有挫折感。	1	2	3	4	5
2	觉得自己不被理解。	1	2	3	4	5
3	工作让我情绪疲惫。	1	2	3	4	5
4	我觉得自己高度努力工作。	1	2	3	4	5
5	面对工作时，有力不从心的感觉。	1	2	3	4	5
6	工作时感到心灰意冷。	1	2	3	4	5
7	觉得自己推行工作的方式不恰当。	1	2	3	4	5
8	想暂时休息一阵子或另调其他职务。	1	2	3	4	5
9	只要努力就能得到好的结果。	1	2	3	4	5
10	我能肯定这份工作的价值。	1	2	3	4	5
11	认为这是一份相当有意义的工作。	1	2	3	4	5
12	我可以在工作中获得心理上的满足。	1	2	3	4	5
13	我有自己的工作目标和理想。	1	2	3	4	5
14	我在工作时精力充沛。	1	2	3	4	5
15	我乐于学习工作上的新知。	1	2	3	4	5
16	我能够冷静地处理情绪上的问题。	1	2	3	4	5
17	从事这份工作后，我觉得对人变得更冷淡。	1	2	3	4	5
18	对某些同事所发生的事我并不关心。	1	2	3	4	5
19	同事将他们遭遇到的问题归咎于我。	1	2	3	4	5
20	我担心这份工作会使我逐渐失去耐性。	1	2	3	4	5
21	面对家长时，会带给我很大的压力。	1	2	3	4	5
22	常盼望有假期，可以不用上班。	1	2	3	4	5

一般健康问卷

这是一份用来了解人们一般心理健康状况的问卷。共有12道题目，请仔细阅读每一道题，把其描述的情形弄明白。然后，根据您最近1个月的实际情况，和你平时况相比，圈出最合适的回答。每一道题只能选一个答案，不要多选，也不要漏选。

	题目	从不	很少	有时	经常
1	能集中精力于你所做的任何事情吗？	1	2	3	4
2	由于焦虑而失眠？	1	2	3	4
3	对事物发挥作用了吗？	1	2	3	4
4	对事情能作出决定吗？	1	2	3	4
5	一直精神紧张？	1	2	3	4
6	不能克服困难？	1	2	3	4
7	喜欢日常的活动吗？	1	2	3	4
8	不回避矛盾吗？	1	2	3	4
9	不高兴和抑郁吗？	1	2	3	4
10	对自己失去信心了吗？	1	2	3	4
11	认为自己是一个没有价值的人。	1	2	3	4
12	总的来看感到适度的愉快吗？	1	2	3	4

领悟社会支持量表

以下12道题目，每一道题目后面各有7个答案。请你根据自己的实际情况在每道题目后面选择一个答案。例如，选择1表示您极不同意，即说明您的实际情况与这一题描述的情况极不相符；选择7表示您极同意，即说明你的实际情况与这一题描述的情况极相符；选择其余表示中间状态。

	题目	极不同意	很不同意	稍不同意	中立	稍同意	很同意	极同意
1	在我遇到问题时有些人（领导、亲戚、同事）会出现在我的身旁	1	2	3	4	5	6	7
2	我能够与有些人（领导、亲戚、同事）共享快乐与忧伤	1	2	3	4	5	6	7
3	我的家庭能够切实具体地给我帮助	1	2	3	4	5	6	7
4	在需要时我能够从家庭获得感情上的帮助和支持	1	2	3	4	5	6	7
5	当我有困难时有些人（领导、亲戚、同事）是安慰我的真正源泉	1	2	3	4	5	6	7
6	我的朋友们能真正地帮助我	1	2	3	4	5	6	7
7	在发生困难时我可以依靠我的朋友们	1	2	3	4	5	6	7
8	我能与自己的家庭谈论我的难题	1	2	3	4	5	6	7
9	我的朋友们能与我分享快乐与忧伤	1	2	3	4	5	6	7
10	在我的生活中有些人（领导、亲戚、同事）关心着我的感情	1	2	3	4	5	6	7
11	我的家庭能心甘情愿协助我作出各种决定	1	2	3	4	5	6	7
12	我能与朋友们讨论自己的难题	1	2	3	4	5	6	7